大地跫音

——牧　风◎著——

作家出版社

图书在版编目（CIP）数据

大地跫音 / 牧风著 . -- 北京 ：作家出版社，2024. 12. --ISBN 978-7-5212-3242-4

I. I227. 6

中国国家版本馆 CIP 数据核字第 2025YG9288 号

大地跫音

作　　者：牧　风
责任编辑：史佳丽
特约编辑：李　敏
封面设计：麦莫瑞文化
出版发行：作家出版社有限公司
社　　址：北京农展馆南里 10 号　　　邮　　编：100125
电话传真：86-10-65067186（发行中心及邮购部）
　　　　　86-10-65004079（总编室）
E-mail:zuojia @ zuojia.net.cn
http://www.zuojiachubanshe.com
印　　刷：北京盛通印刷股份有限公司
成品尺寸：148 × 210
字　　数：200 千
印　　张：10.5
版　　次：2025 年 2 月第 1 版
印　　次：2025 年 2 月第 1 次印刷
ISBN 978-7-5212-3242-4
定　　价：78.00 元

作者简介

牧风，原名赵凌宏，藏族，甘肃甘南人。系中国作家协会会员、中国诗歌学会会员、中国少数民族作家学会会员、中国诗歌学会散文诗工作委员会委员、甘肃省作家协会副主席。已在全国各大报刊发表新诗、散文诗、散文近百篇（首），曾获甘肃省黄河文学奖、少数民族文学奖、2021年度中国十佳散文诗人、首届“记住乡愁”世界华文散文诗大赛金奖、首届中国散文诗大观奖、第六届甘肃省中青年德艺双馨文艺工作者、鲁迅文学院第22期少数民族文学创作培训班学员，出版散文诗集《记忆深处的甘南》《六个人的青藏》《青藏旧时光》等4部、诗歌集《竖起时光的耳朵》1部。

目　录

第一辑

北方行吟

金城辞[1]

你的名字就是一只五彩的蝶，舒展地落在我的心上。

远望北面的白塔山，你就是一抹生命的亮光，一片古朴的高地，随年轮茕茕孑立。

灵魂之下，命运之上。岁月锻造的古城，透出黄金的背影，身段比年轮还长。

在春天的鲜活里灿烂的古城，在月光下泛出晶莹的光芒。被岁月吹动的水车，隐藏在暮春的歌板上宁静的浅唱。

坐落在金城的心脏，蛰居的鸟虫和晨练的心跳一起鼓羽同鸣。

我是你最虔诚的子民，陪伴你一起迈进初春的轻柔，一起倾听生命之轮轰鸣而去。

我是你骨髓里不可或缺的部分，时时闪烁在五泉的晨钟暮鼓里。

顶礼膜拜你神奇的千年故事，手捧你亮丽不朽的名字，

---

① 金城，兰州的古称。

我的心颤栗不已。

与你共眠，枕着黄河封冻的夜歌。

春鸟啼鸣，我们相约在梨花飞动的四月，用深情的眸子接纳你苍凉的荣光。

今夜，我把你供奉在心灵神圣的一隅，直至地老天荒。

余店村

金秋，我滑过雪域的脊梁，把触角伸向中原最耀眼的部分，用一颗探寻的心打开汴梁古老的大门。

满目铺展的仿宋古街已在夜幕下透出北宋京都的繁华，华灯初上，我瞧了瞧深秋开封布满沧桑而金黄的脸颊，在余店的周身亮出印象汴京的乡愁。

迈步这城中村的古老街巷，随处呈现千年之都的敦厚和壮美。

夜访余店，似置身于北宋战火硝烟后《清明上河图》绽放的一片商贾云集、政通人和，以及风和鸟鸣、田园放歌，那张择端瞬间复活了大宋的年轮。

是谁，痴迷于这古老村落的美丽蝶变，把自己凝练成一句对开封的深情咏叹。

又是谁，面对这新时代乡村振兴的猎猎雄风，把千年宋都的良辰美景演绎成传唱千年的传奇。

朱仙镇

这千年古镇在深秋的五彩斑斓中喘息着，那粗壮的呼吸惊醒了木版年画传承人尹国法家中那面古墙上沉睡的钟馗。他翘首回望，这偌大的开封朱仙镇，古风濡染，生态文明，美景如画，赏心悦目。钟馗细心掂量，何不永居古镇，驱邪除恶，永保一方安宁?

那帮信陵君“窃符救赵”的朱亥呢?莫不是沉浸在战国时期那段最精彩的故事里痴迷不归?岳庙就在那沧桑暮霭和青砖黛瓦中透出一丝悠长的悲壮，幽深的庙宇内依稀留存着英灵壮志未酬的嗟叹。

蓦然回首，那岳家将聚拢在这旷世古镇，壮怀激烈的《满江红》从宋词沉重的册页中被时光迅疾的抽出。倏忽间，那南宋羸弱的背影下征战的热血史卷和金戈铁马，以及狼烟萧萧、英雄落幕的场景，就凄美地呈现在世人仰慕的眼帘，还有那一串串闪亮鲜活的名字，以及泪光莹莹的故事……

顺着讲解员的目光扫去，那《钟馗镇宅》《刘海戏金蟾》

的经典画作挂满在这古汴梁的秋色里，裸露出年画百年历史的屐痕。

西姜寨

远望开封的西姜寨，一缕柔美新风环绕着那好人之街和老兵之家，现代农业千亩田园如大鹏身披五彩霓裳，在传统和现代交织融合的美丽蜕变中，伸出创业的巨掌，捧住乡村流动的画卷和咯咯作响的韵脚。

那娇美的花生仙子，在李永乐的青创基地，揭开黝黑的面纱，把饱满的肌肤献给西姜寨一方热土。

是谁，在寂静中谛听，那神的留白处有芳音呢喃："我的油是挤出来的，你的时间呢？"

又是谁，禁不住内心的颤动，对西姜寨的赞美脱口而出："清凉之汁浸润一个游子的灵魂，在你的时光里刻画驻足者的心声。"

清明上河园

把北宋的东京烟云都呈现在一张《清明上河图》中，那是画家张择端的旷世之功。

把《清明上河图》的灵动壮阔和繁华绝美再现于清明上河园的宏大巨制中，那是开封人的神来之笔。

黄昏后，落座在龙亭湖西岸的清明上河园，时有湖风吹皱一池春水，闻百花生香，听水波潺潺。一幅宋代社会民俗的生活长卷如彩绸横陈——烟火缭绕，晚景丰润，气象万千。一个远足的游子，且观且望，流连忘返。

夜幕中撩开璀璨灯火，夜市人流如瀑，车水马龙，店铺林立。虹桥飞架，横跨汴河。寺庙钟声悠扬，置身其中，恍如一步入画，一梦千年。寻觅宋时光景，恰似时光倒流，古都汴梁神韵再现。

远眺园中深处，鼓乐鸣动，人声鼎沸。侧耳倾听，一曲《宋廷·梦乐》，如入仙境。再观那景龙湖上《大宋·东京梦华》实景展演，瞬间哑语，心灵颤动。

乌拉盖

春风已过，乌拉盖是天边倾泻的乐曲，在月光下泛动着光和影的身躯。

是谁把盛夏的激情埋进泛起的波涛里。

那沉甸甸的雨水在辽阔的草海抚摸着马匹的呼吸。

云雀的鸣啼唤醒了草原的沉寂，那远行者的心思已穿越天边舒卷的云朵。蓝色的哈达已在旷远的牧场飘动，拿起马头琴，我把眷恋弹拨成蒙古长调。

贴近河岸，一路高歌，在乌拉盖狂放的行走，今夜我将携着千里草原的万古诗情，奔跑，再奔跑，让灵魂穿越蒙古高原。

向西，再向西，穿越苍茫水系和幽静的牧场，那草原的纯净和辽阔，在漫游者的视线里跌宕起伏。瞧那草丛间舞蹈的晨露，擦亮你的瞳孔，润湿你的思绪。

我想驾一辆古老的勒勒车，贴着草原的背影，看那八百年前的铁木真，跨过乌拉盖河水，把美酒和铁骑交给远方。

知青小镇

二十世纪那张疲惫的脸，在我驻足的地方只留下轮廓。

凭着时光的栅栏远望，那岁月悠长的知青画卷，时隐时现。

青砖灰瓦堆砌的记忆，在苍烟覆盖的宣传画里显现出那个年代沉重的身影。

一片旧时光里长成的古杨和斜柳，在历史的长河里固执地拔高自己，以至于顽强的树枝翻过二十世纪六七十年代知青的流动营地，在今夜的乌拉盖倾诉过去……

小镇依旧孤寂地伫立着，而诗人扬起的月光酒杯，把知青岁月复活成浪漫和壮美。有人依然在柔美和阳刚中编织夜的畅想曲，而记忆将我的视线牵引到那段悲情行吟的岁月里。

九曲湾

那浸满生灵呼吸的草丘，如一段爱的流萤，跳跃在九曲十八弯的苍穹下。一群缪斯的儿女，面对酒歌和奶香，把山峦吟唱成灵魂的长短句。他们在敖包相会的地方，去寻觅天穹下柔美如羽的诗情，而龙妹和额吉在山顶上眺望着夜空的星星。

箭镞一样飞过的骑手，舞动着长鞭，追逐乌拉盖苍狼。畅饮马奶酒，在长生天的护佑下迅疾地藏匿夜色缠绵。

潜隐在草丛的暗河，如一曲沉吟天边的恋歌，用粗犷的韵脚丈量蒙古高原迁徙的踪迹。

苍烟浮动的草泽，恰似蒙古歌谣旖旎长吟。几匹骏马掠过，有伊人在草原的落日下远行，在那九曲湾迷人的夜色里她泪眼朦胧了吗？

可汗山

雾锁远山，那山巅上的群雕赫然伫立。

可汗山，一座无字丰碑，正透过历史册页在科尔沁讲述元初的故事。

八百年前烟云飞渡，不再是弯弓射雕的胸襟。

仰望可汗山，我们只有怀揣敬畏，将成吉思汗和忽必烈征战的故事放进行囊，在沉甸甸的步履中沁出热血和汗水。

遥想当年铁骑飒沓，如今那声音已扎根在诗人裴多菲的故乡——艰辛和荣光撞开的美丽疆域，一定是千年后的可汗子孙们为之骄傲的诗篇。

苍茫可汗山，成片鲜花盛开，清风吹拂，青草眨着灵动的眼眸，《江格尔》英雄史诗正透过传承者的手掌打开新的精彩诗行。

马头琴声由远及近，悲壮而冗长。

呜咽的包头

——怀念许淇

在春的尽头伫立，那原野空气凝滞，鸟影孤寂，弥漫着肃杀之气。

远处笛声幽怨，漫天冰雪犹如精灵在舞蹈，伴随着内蒙古包头长歌的呜咽。

清明前夕，在草原凄迷中，雪域停止了吟唱。那依稀独步青藏边缘沉吟的诗魂，在《一只鸟》的暮歌中把落满眷恋的泪痕呈现。

想起那年十月九日晨曦的哀思，众生沉下身子，那远去的背影分明带着《我听见火焰在说话》。

河边的树木还未返青，唯有先生漫步的那片沙堤，幽深处有《草原的精灵》低声诵吟。那远方白桦林的萧瑟，苍穹里鹰的喧嚣，草地上鸟虫的浅鸣，旷野里风的私语，这些生命的悸动合奏成《北方森林曲》，在我清明前夕的心域闪烁而过，没留丁点哀怨。

我想深夜的包头，像潜藏在幕后的一个诗意的片段，在我朗诵《城市交响》的时候倏尔神秘地落入心扉。

今夜为何鹿鸣声声？

那悲怆的歌声，再也唤不醒许淇先生诗情画韵里的痴爱和眷恋。

远望夜空，星光点点，哪一颗是先生关照尘世的眼睛？

天池行吟

瑶池阿母绮窗开，黄竹歌声动地哀。

八骏日行三万里，穆王何事不重来？

——唐代诗人李商隐咏天山天池诗《瑶池》

三千年海誓山盟今夜入梦来。

谁在时光的巨辙上洒下数行相思的清泪？

谁在天山博格达峰的一块耀目的皱褶里，把天地精气融合成西王母沐浴的半月瑶池？

谁在一只闪烁着蓝光的碧眼里演绎一段如诗如梦的爱恋故事？

在海拔 1910 米的月形湖畔，抬头环视，那 4.9 平方公里的辽阔水域，是万千神灵最美的栖息地。那浩瀚林海是天池碧眼修长的秀眉，如茵绿草和盛开的百花是它眨动的睫毛。

在天山最醒目的地方，博格达峰是耸立在尘世的天神，用伟岸的身躯护佑西王母醉心的人间仙境。

今夜月光如水，梦中的我从雪域高原穿越2000多公里，经乌鲁木齐飞临阜康的核心地带，只为一睹神往的天池芳容。在天山北坡三工河的上游，我的身子被强大的气流吹动，倏忽间想起《穆天子传》中描述的一段穆天子与西王母两情相悦，瑶池相会的故事：公元前十世纪盛夏的一天，西王母在天山瑶池边设宴款待西巡至此的周天子穆王姬满，穆王以丝绸玉器相赠，西王母动情作歌："白云在天，山陵自出。道里悠远，山川间之。将子无死，尚能复来？"周穆王随即唱和："予归东土，和治诸夏。万民平均，吾顾见汝。比及三年，将复而野。"

仰望海拔5445米的博格达峰，峰顶白雪皑皑，银光闪烁，内心迅疾地鼓胀起探寻的风暴，困乏的身体在强烈欲望的助推下，加快步履，跨过小天池、灯杆山、石峡等如画美景。

目光穿越眼前密布的森林和旷野里簇拥的花朵，一只仙女的美眸眨动着，在我急切地眺望中震撼呈现，绝美如月。

晨曦中，天山烟雨空蒙，似一睡美人侧卧洪荒大野。古冰川在荒凉中战栗着，在众生的仰望中绵延不绝，吸纳着大自然的精华，横空出世，形成博格达峰千年不化的冰雪世界。岁月不居，忽一日春风浩荡，坚冰解封，雪峰融化的春水一泻千里。

那拥有千年历史的铁瓦寺，在天池西岸的一块台地上伫立着，其实只留下一具残壳，在风雨中三建三废，让人唏嘘不已。想起道教全真派丘处机道长登临天山瑶池吟诵，那旷世之作《宿轮台东南望阴山》依旧回响在天山群麓——

三峰并起插云寒，四壁横陈绕涧盘。雪岭界天人不到，冰池耀日俗难观。岩深可避刀兵害，水众能滋稼穑干。名镇北方为第一，无人写向画图看。

辽阔的天山天池美景敞开500多平方公里广阔的胸襟，展开修长坚实的臂膀，将这天山最美的世界遗产，连同浩瀚的湖泊，一起呈现给人类探求和仰望的眼神。

金城：西北师大

你的名字就是一只斑斓的彩蝶，舒展地落在我仰望的金城。

理科楼前守望了百年的核桃树，是一抹生命的亮光，在光阴中茕茕孑立。

命运之上，岁月锻造的金城名校，在秋的丰硕中透出橙色的背影，身段比年轮还长。

在夏日的鲜活里成长的师大校园，在月光下泛出银白的光芒。那些被时光吹动的古杨和身躯皴裂的槐树，隐藏在暮色的校园里低声吟唱。

落座在金城的心脏，蛰居的鸟虫和晨练的心跳一起鼓羽同鸣。我在安宁的晨曦里充当你最虔诚的子民，陪伴你一起迈进初冬的清寒，一起倾听生命之轮轰鸣作响。

我是你骨髓里不可或缺的部分，就如同仁寿山下桃林的翠绿和绯红，那时时沉吟在晨钟暮鼓里的黄河，正在波涛汹涌里诉说千年沧桑。

手捧你金灿灿的名字，我的心顿生敬畏。

与你共眠，枕着黄河封冻的夜歌。青鸟啼鸣，相约在梨花飞动的四月，用深情的眸子接纳你百年的荣光。今夜，我把你安放在心灵的最高处，在一片片追忆中迎来黎明。

一行行雁阵穿越兰州的上空，我怀揣情感的长短句，迎面撞破北国的秋风。那些躺在人生驿站上的语言，被笨拙的手掌掩住了嘴唇，那年我望着厚厚的纪念册，任凭思念的雪花覆盖了周身。

七彩丹霞

穿越千里戈壁，向河西走廊的腹地进发，坐落在祁连山北麓，披着七彩霓裳的丹霞山敞开柔软而坚定的胸怀，把温柔的目光投向来自雪域的赤子。

是手握巨椽之笔的旷古大师，将眼前的炽热涂绘成万世不枯的杰作，这绝世的大美丹霞呵！前世的相约在倏忽间变成今世的山盟海誓。

这里是金张掖最迷人，也是最傲气的圣地，数以千计的悬崖山峦，层层叠叠。一段空前绝后的故事和传说在跨越两百万年时空的对话里倾情演绎，面对如此震撼的旷世画卷，难道你被尘埃蒙蔽的双眼还看不到耀眼的光芒吗？

伫立在丹霞山巅，俯瞰七彩祥云覆盖的苍茫山系，犹如赤色苍龙，在河西的心脏横空出世，身躯腾越祁连的朦胧山河，把隐藏在肃南的辽阔花海，献给河西古道，献给丹霞地貌群围拢的三百多平方公里七彩烟云。

我的身影在七彩云海、七彩仙缘、七彩锦绣、七彩虹霞、七彩熬河台、万象土林谷来回穿梭，惊奇、震撼、兴奋……这些生动的词语不停地闯入我的脑际，让我在仰望和沉思中忘却自己。友人们尾随而至，在丹霞色彩斑斓的观景台上，手挽着手，积蓄力量，我们背靠满山谷赤焰飞动，状似火凤凰的烈鸟图景，留下这一生最想涅槃重生的美妙瞬间。

大佛寺

在张掖甘州区一个幽静的地方，我见到了距今已九百多年的大佛寺，它在三万多平方米的土地上经久不衰。两边古柳耸立，苍翠古拙，我们在友人的指引下，一步踏进佛国。庄重的佛乐响起，虽然还没有看到让人虔敬的佛像，但身处禅院中，顿感已在佛的脚下行走。

眼前雕梁画栋，古柏参天，钟声幽远，众多佛殿香客云集，那虔诚的眼神表明，他们已经步入空灵境界。唯独我是一个凡夫俗子，在茫然地跟随别人的脚印踯躅而行。

在大佛殿，众生被眼前侧身的木雕佛陀涅槃像所震撼，佛尊微闭双目，在莲座上安详入眠。他在玄黄之域静坐冥想些什么呢？听着讲解员快速而传神的讲述，我的灵魂霎时飞离，似置身另一个空蒙世界。

穿过金塔殿，绕过藏经阁和土塔，忽地想起大殿上的楹联：“一觉睡西天，谁知梦里乾坤大；只身眠净土，只道其中日月长”。在这河西走廊的神秘地域，世界八大奇迹之外的奇迹，顷刻间就让我渺小的灵魂有幸遇见了。

山丹行吟

牛马散北海，割鲜若虎餐。

虽居焉支山，不道朔雪寒。

妇女马上笑，颜如赪玉盘。

翻飞射鸟兽，花月醉雕鞍。

——摘自李白诗《幽州胡马客歌》

河西走廊是西域的门户，更是古丝绸之路的开端。

出使西域十三年的张骞，打开河西与外界的联系，被三千里丝绸之路覆盖的河西走廊跃上历史的舞台。

在河西中段线上，我迎头碰见坐守张掖东大门的山丹。作为甘凉的咽喉、走廊的蜂腰、古丝绸之路通往西域的必经之地，它一直是东西方探究者最关注的地方。

随车穿行，过了青海的门源，那广袤的草地，以及奔跑在花草间的一批批混血马群，如同一束束转瞬即逝的闪电，吸引住我的目光和脚步。

这块丰盈而辽阔的神秘之域，暗藏着亚洲最大的军马场，储存了那些跨越时空的永恒记忆。公元前121年，西汉名将霍去病赢得河西之战，直取祁连，那河西腹地的旷世奇宝随之出现。霍去病挖掘开创的最大皇家马场，深藏河西近千年。想那兵败失去疆域的匈奴人凄然哀叹："失我祁连山，使我六畜不蕃息；失我焉支山，使我妇女无颜色"（两汉佚名《匈奴歌》）。回溯历史，沧桑烟云浸润的咽喉之地，在河西的历史上扮演了十分重要的角色。

海拔四千四百四十四米的祁连冷龙岭傲然屹立，那冷峻的目光和伟岸的身躯曾阻隔过与青海的促膝长谈。

喂养过汗血宝马的地方，是霍去病一世的挂念。那三百二十多万亩草场，历经千年风雪，在时代生态文明的礼赞中依然是草牧丰美，水流淙淙，百花繁盛，风光无限。

揭开冷龙岭北麓的大马营草原和迷人的焉支山的故事，那些荡人魂魄的绝世秘境，一直是探寻者梦绕情牵的地方。公元前112年，汉武帝出巡雍州，面对黄河奔涌的狂涛，当时的他一定会向往黄河以西的偌大疆土和九百公里长廊。梦里经常牵挂的那片辽阔大地，可是一块生长大批汉王朝铁骑的风水宝地！

当我的目光扫过《前汉书》《后汉书》，以及整齐摆放在住所的《张掖市志》《山丹县志》《河西走廊》专题片解说词时，我忽然对友人说，刘彻未能跨过黄河以西，走进古丝绸之路的文化宝库——河西四郡，是他的终生遗憾。

积石山上

你是与大禹治水的故事融为一体的故乡。

你是与黄河三峡灵魂紧贴的故乡。

你是安集乡三坪村“彩陶王”的故乡。

你是与青海循化孟达天池毗邻的故乡。

你是河湟花儿唱响天下的故乡。

你是香水坪心灵牧场放牧众生的故乡。

你是闪烁着工匠精神的保安腰刀诞生的故乡。

你是大墩峡生生不息、雄奇崛起的故乡。

你是吊水峡瀑布飞动如练的故乡。

你是马家窑、马厂、半山、齐家、辛甸文化水乳交融的故乡。

你是千年积石雄关、禹王庙、临津古渡、鲁班石亘古不变的故乡。

你是吹麻滩的古杨耸立挺拔的故乡。

你是大河家、四堡子的蛋皮核桃和冬果梨香脆可口、馨香怡人的故乡。

你是安集、银川椒红如血的故乡。

你是保安族、撒拉族、东乡族血浓于水的民族亲情凝聚的故乡。

你是小积石山东麓腾飞的雄鹰的故乡。

你是大河家保安族的骄傲——西北花儿公主马红莲的故乡。

莲花古渡口

在大河之洲的土壤里酝酿千年。

赫然展现在黄河之上的古渡口，像一朵莲瓣绽放在黄河上游，把莲根深扎进汉唐的册章和民国的烽烟里。

穿越河州的历史志书，千年的涉渡史涌上时光之舟，在赴青海、新疆、西藏的莲花古渡口来回漫步，这旷世的杰作是谁的妙手绘就？

侧耳倾听，红色记忆犹在。一九四九年八月，王震将军运筹帷幄，抬手一挥间，已是百艘皮筏齐进，人民的军队在皮筏的快速流动中，胜利的集结号在对岸的青海嘹亮如歌。

远望莲花古渡口，古人悠悠已远去，今世风骚起凌云。辽阔的黄河碧蓝如天际倒影，一排排垂柳抚摸绿波如云，几十艘汽艇如苍茫剑气，划开黄河古老的容颜，让时代的巨轮轰鸣作响，那狂涛飞起数丈，把探寻者的思绪拉长，再拉长……

没有舵手划动叶桨，没有水手吆喝号子，原来停泊时间一艘艘船艇沉寂不语，偶尔一阵河风吹动，产生的涟漪触碰到河岸的神经，古渡口的气象暗生浪涌。

午后的阳光隐于大片云朵的堆积，远处黄河像潜藏雷电的巨龙，在低沉的吼叫中积蓄狂飙的力量，只等风云汇聚，刹那间天地相衔，惊悚地考验古渡口及沿岸大堤的硬度。

大河之水

是地母的乳汁汇聚？还是星汉入尘？

一种倾泻之美滑过心田，亮过我的眼眸。

一袭花香浮动，一缕清风拂面，一束探寻的目光洞穿了黄河中、下游交界处的静谧，唯有大河淙淙执着前行，划破一地沉寂与喧嚣。

逆水而行，如同追溯这一方中原秘境千回百转的沧桑历程。

灵性之水无处不在。清冽的波浪跃动着生命的旋律，晶莹之珠环绕着众生心灵的脚步。

那流动的金色语言千万次漫过碧绿覆盖的河道，把一腔美丽的传说倾诉给横跨中国第二、第三级地貌台阶的郑州，以及那些受伤的灵魂和低吟的草木。一切都降临得猝不及防，这满河谷的喧响撞击着行人沉重的脚步。

大河之水，高过心堤，闪亮在今夜豫州之域挺起的脊梁上。

巴拉格宗

身在巴拉格宗，灵魂在飞翔。

没有哪一个生灵高过你五千米伟岸的身躯。

人类想穿越你壮美的骨骼和高耸入云的双肩，你在沉寂中用坚韧的身子撞击那些探寻的目光。

你在急迫的等待人类的征服吗？

为何众神都隐藏内心的呐喊和慧光？

只因巴拉格宗更像一个静默的神灵。

当我——一个远足的旅者，用迈出的足音亮过众生的仰望，把冷峻的眼神和拔高的身影，贴近巴拉格宗每一根鲜活的神经。

当我把自己置身于那狂热的探求和极限的挑战中，我就是一只香格里拉大峡谷深处的灵鸟，铺展开苍劲有力的玉翅，飞翔在格宗雪山的至高处。

没有任何力量能驱使和驾驭你千年磨砺的筋骨。

在香格里拉大峡谷，在千年巴拉村灿亮的火塘边，我的眼眸闪烁着斯那定珠坚韧而强大的背影。

一个康巴天路的缔造者。

一个把灵魂交给巴拉格宗的塑造者。

一个用睿智讲述巴拉的阅读者。

一个诠释巴拉格宗创业精神的心灵布道师。

一个倾其所有，用生命打通三十五公里天路的讴歌者，用执着的信念和宽阔的心境刻画千年巴塘迁徙的踪影。只为你呵，三江并流的最高大心灵上吟唱的青春绝响。

是谁，拨开历史的烟云，聆听一个部落穿梭巴拉格宗的脚步声声？

谁的光芒遮挡了众生的期盼，让脆弱的思绪在强大的视觉冲击中，折服于班丹拉姆神山的雄浑和奇崛？

谁的力量在呼啸的山岚中微微颤抖？

谁的巨掌擎起云朵和雪峰，用虔诚的目光抚摸千年菩提？

那是一只推开巴拉格宗神秘之门的佛掌。

谁的欢歌，疾走的慨叹，惊奇的呼叫，急促的呼吸，狂放的簇拥，在一排排伫立如神灵的香巴拉佛塔边表达人类的长吁和沉吟。

谁的灵魂凝结成对格宗雪山深情的仰望？

谁用阳光和霭霭云雾，撩拨雪山散发的神秘荣光，用空旷和仁慈接纳脚下的万千生灵？

眼前碧蓝的十八个湖泊是巴拉神山的天眼，清澈如巴塘族人千年追寻的心域。

谁能打破千年的沉寂与神灵对话？

谁会褪去这尘世丑陋的皮囊，把灵与肉交付给这片香巴拉的净土？

我舒展着身躯，想那玻璃栈道下空蒙之气涌起，万丈峡谷在我心灵深处迅疾地下沉，将我吟诵巴拉的妙句抛进年轮积淀的印痕上，激起群山呼唤，万泉鸣动。

那一个个人类探索的身影和开拓的足迹，如一幅幅镶嵌在巴拉肌肤上的版画，磨砺成人与自然抗争的烙印。

独克宗

千年以前就是神灵的栖所，人类怎敢称雄？

当夜幕降临，秋雨霏霏，穿过香格里拉的心脏，遥望远处，灯火摇曳。繁华尽头，数条古街像苍山空野凸显的古老音容，在浓郁的夜色里乡愁缭绕。

那高耸入云的巨型转经筒，背负千万生灵的福祉，只有时光的巨辙发出清脆的跫音，把独克宗骄傲的身姿安放在茶马古道的深处。

一切都只是缪斯的幽情萌生，那些商道上晃动的身影，又有谁关注他们的营生？

今夜，我把心境交给香格里拉轻盈舞动的云杉和红柳，还有那古铜色镀成的云集商铺和纵横阡陌。

独克宗不是一条岁月斑驳的印痕，更像是一只神鸟羽化的风云古镇，在烟雨沧桑中应运而生。

独克宗与心灵的距离不远，与精神的厮守不远。它更像响起的一串脆生生的驼铃，在沧桑变迁中把茶马古道的故事传唱。

卡瓦格博

“这是世界上最美的山”，约瑟夫·洛克惊叹道。

——题记

在描述香格里拉的文字里，让我神往已久的就只有卡瓦格博了。穿越 214 国道，心绪早已幻化成飞鸟，在浓雾里把身躯搁置在贡巴顶村。

在深秋的晨曦里，在飞来寺观景台，远望对面的苍茫群山，以及向南奔腾的澜沧江，心境顿时铮亮，那滚动的云雾带去了一个远足者的向往。抚摸你坚韧而强悍的肌肤是不易的，我只有远远的凝望你，卡瓦格博，多少个夜晚被泪水打湿的名字。

案头迪庆人祁继先的《探访卡瓦格博纪行》，让我只能用文字和图片领略你骄人的神采和底蕴。今晨，客栈前飞来寺 13 座静默的白塔和飘动的经幡，在细雨中撩动起一个人对一座神山的敬畏和仰望。

海拔近七千米的云南第一高峰，在翻卷的云层中半裸着些许雄奇和壮观。想探究和揭开你神秘的面纱，唯有鼓起科考者强大而执着的勇气。

身处三江并流的腹地，你把大美之躯呈现给勇敢的攀登者，那些丰饶物产吸引着全球的目光。翻越雪山去，多少岁月里攀登的足迹在你脚下无声的被狂雪覆盖，多少鲜活的生命在你巍峨的俯瞰中沉寂。

于是，你有了一个崭新的名字，梅里雪山，一个不可企及的神灵。

卡瓦格博，一块纵贯“三江并流”的活化石。

卡瓦格博，一部体验和探寻藏文化之旅的命运书。

一种强烈的探求之欲，使每一个前来寻觅的身影，迟迟不肯离去。侧耳谛听，与雪山的对话就要迸出胸口。

守望是一种考验。我俯首沉思，蓦然回望，一缕晨光出现，那雪山之巅被镀上夜的红铜，把我的虔诚带到雪山的最深处，动情的诉说……

察尔汗散记

一

那天河之水穿越数亿光羽，横空出世，在苍莽昆仑与绵延祁连的缝隙中跌落。那是西王母从喀喇昆仑抛落的一滴泪水，蒸发成人类赖以生存的盐。

伫立察尔汗盐湖，我的眼眸湿润，我的胸膛被这天外飞来的盐的晶体所震撼。这是星汉入尘，还是天界的造化临凡？

远望察尔汗，如众生抚慰的婴孩，通体透亮，晶莹剔透，这是山神的暗喻吗？为何上苍如此眷顾那五百万吨晶粒呈现的大美，以及创业者历经半个世纪艰辛的探究和耕耘的荣光？

二

落座在柴达木的心脏，我用目光把察尔汗的胴体擦得雪亮，我用灵魂把青海的大美打磨成美妙的诗句，在察尔汗朗声吟诵。那不朽的盐泽，已在黄昏的余晖中幻化成一首咯血的诗章。

远望三十二公里盐盖隆起的“万丈盐桥”，似一把千年修炼的剑器，横亘在五千八百平方公里的明镜上，留下一道沧桑巨变的印痕。聆听桥上飞驰而过的火车，那咆哮之声震颤湖身，坚硬的躯壳所承受的千钧之力，正幻化为察尔汗盐粒结晶的涅槃重生。

身处盐湖的内心，自己就是察尔汗的一部分，把灵魂交付给另一个家园。

我禁不住吟诵昌耀震撼灵魂的诗句："是的，我从白头的巴彦喀拉走下……我是滋润的河床，我是枯干的河床。我是浩荡的河床……我坚实、宽厚、壮阔……我创造，我须臾不停地向东方大海排泄我那不竭的精力……我让万山洞开，好叫钟情的众水投入我博爱的襟怀。"我仿佛又一次谛听到海子在德令哈想念亲人的浅浅行吟："姐姐，今夜我在德令哈，夜色笼罩……"

三

东西一百六十多公里绵长的躯体，就像昌耀的心灵之作——《河床》，在一望无垠的宏大场景中摆布一次与生俱来的呐喊，把满腔的忧愤和狂喜，抛洒给这片并无绿意和鸟鸣的沃土，带着情思在盐体上刻画鱼群的飞翔，展示珍珠和珊瑚垒成的秘塔，以及那盐湖营造的琼楼玉宇，灿如仙界。

一面偌大的明镜，恍如承接天地万象的灵物，倏忽间把柴达木的四季轮回呈现。

察尔汗是柴达木最神秘的处子。

巍巍昆仑和祁连山脉呵护的精灵。

格尔木河、素棱郭勒河等十多条河流养育的磅礴之力。

四

数亿年前的万顷浩波，被万物的神灵摄取温润和灵气，只留下那一汪卤水在柴达木的心脏滚动，察尔汗睁大眼睛，期待百年后的水破天惊。

沉寂，一切都在格尔木的月光里沉寂，那一片片鱼鳞、一串串珊瑚承接的故事和传说，都在沉落的星光和奔跑的潮汐中落幕。

听，那沉积亿年的神性之水，在月光下朝我的梦浩荡而来，颠覆了莽昆仑和祁连雪的夹击，在柴达木盆地跌宕起伏。

看，那呼啸而来的银色盐潮，瞬间被青藏高原凝结成一座座山岩和纵横交错的田垄，在湛蓝的镜面上汇聚出一幅幅精美的画卷。

那遥远处水天一色，日月同辉的盐湖一片静默，唯有那晶粒闪烁着白银的光芒，与依附在盐盖上生发冷寂的机器和生灵对视。

怅望夜里空旷而灯火阑珊的格尔木，那察尔汗凸现在柴达木的核心地带，群山连绵，静谧如初，大湖扬波，狂放不羁。而瞬间的凝固，让内心的沉重和悸动随歌声在盐湖上飞翔。

辽阔的柴达木在召唤。

凝重的察尔汗在召唤。

远处，白云弥漫在青盐的故乡，年轻的雨滴出嫁给古老的湖水，鹰隼和藏羚羊的鸣动闪现在起伏的山冈。

远处，经幡猎猎，霞光闪烁，身影摇曳。

远处，探寻的足迹在宏阔的盐海中战栗和惊喜。

远处，旅客和盐业耕耘者面对昆仑和祁连的雄伟跌宕，面对高阔旷远的察尔汗，一起引吭高歌，黑夜终久未眠。

想起昌耀

闪电划破青海高原，牵引我回归一九九八年三月的惊悸。

西宁的街头，在晨曦中送别那个西部狂放而伟岸的命运斗士。

一个高歌长诗《慈航》的魂灵，捧着他钟爱的《命运之书》，在冰雪尚未解封的青藏大野，迅疾地隐藏于尘世的终极。

昌耀，西部高原上坠落的一颗陨石，在沉寂和孤寞中瞬间迸裂，如一束耀眼的星光划过暗沉的夜色。一个缪斯的精灵，一个落满忧愤和苦难的诗歌号角从此呜咽，一部现代诗史的呐喊从此悄然息声。

壬寅年的清明即将来临，当我再次打开这分量沉重的书册时，一个个精魂再次闪烁，昌耀的《河床》在夜岚里发出片刻沉吟："我从白头的巴彦喀拉走来。白头的雪豹默默卧在鹰的城堡，目送我走向远方。但我更是值得骄傲的一个。我老远就听到了唐古特人的那些马车。我轻轻地笑着，并不出声……”

就像一辆命运的马车，昌耀在河流和诗神的陪伴下极速湮没于青海高原。

泪水已隔断我的记忆，谁的声音至今回旋在巴彦喀拉的雪谷，“人生存的过程何尝不是一本书，短暂而沉重，开篇和结尾都是生命的亮点”。

和田印象

一

风从塔克拉玛干沙漠的北边吹出三十七摄氏度以上的热浪，在千亩稻田和浓郁的花香里潜滋暗长，为下一次的前进积蓄力量。

南疆和田希望的绿色掩饰不住库尔玛和她女儿艾丽米娜眼眸里晃动的喜悦。在西部气候最温暖的大野上，在和田罕艾日克镇，那和美的乡村里，成片闪亮的葡萄架，以及茂密的核桃树、整齐排列的白杨，奇迹般地成长起来，它们编织着维吾尔族大叔艾尔克孜丰收的梦想。

在和田的稻香村，一排排错落有致的民居，在一片片果香里溢出欢快的笑声和冬不拉的妙音。

二

当玄奘法师取经后回归和田大地，一棵树已成长了七年，繁密的叶片记录了一个生命的前世今生。远望那巨掌般直插云霄的粗壮树干，每一块筋骨都刻满了一千三百八十年的不朽传奇。

环绕它的周边，挺拔饱满的树身在岁月的磨砺中逐渐演变出皲裂的枯纹，内心的厚实和坚韧被饥渴而强劲的风暴洞穿，中间只留下两米多高的空洞，成为储藏灵魂和传说的栖息地，那是自由之神行吟的史诗宝库。这是一个王者的成长史，在核桃林密布的和田孤独的存在。没有谁会摧毁它的前程，那硕大无比的千年树冠印证了一切。

三

与一座古老城堡的故事相偎依，我们是幸运的。

探寻者的目光始终没有离开这片曾经繁华尽绽、苍烟浩渺的神秘西域，一个拥有一千二百多年历史的于阗古国掩藏在南疆和田的辽阔荒野中。

没有人怀疑约特干遗扯上曾经被于阗人用智慧和强健的体魄垒成过一座城堡的金碧辉煌。夜市车水马龙，商贾云集，古街上珠光宝气，在月光的浸湿中温润如玉。

曾有精绝、回鹘等三十六国在南疆这片战略要地繁衍生息，想那西域的土地让独具慧眼的于阗人占得先机，后来成为唐王朝版图上的重要之地。

遥望历史的烽烟，驼影悠长，沙海沉浮。辽阔而旷远的古丝绸之路，似一块被千年风烟和日月星辰淬炼磋摩的玉如意，在西域于阗古国的核心熠熠生辉。

四

清风徐徐，是谁敲响了晨钟暮鼓？打开和田史志，在遗留的一片绿色沼泽地上，曾经呈现过一个神秘王国的兴衰。

一个个装满碧玉和黄金的骆驼商队，一匹匹穿越时空的马匹，一棵棵迎风玉立的古杨，一只只望空嘶鸣的鹰隼，一排排披挂上阵的将士，在时间的幕布上掀动商海风云。战鼓抡动，兵器的碰撞与人马的厮杀，一场场好戏接踵而至。

苍烟如梦，一切的过往都在浮动的风云中消散，八个世纪后这里也只留下考古的印迹和一片被时光吹醒的草地。

五

把脚步落到和田巴格其小镇时，我离千年古迹掀起的真相已经不远，邂逅于新时代东西方文明融合的基点上。

面对占地七万平方米的偌大城堡——这西部的旷世杰作，让人心内顿生敬畏。敞开心扉，放飞每一个在时间的发条上舞蹈的精灵，让遥远处的巍巍昆仑身影如黛，暮色苍茫如血。众生的眼神在一场跨越时空的盛世狂歌中接纳了一座古城八个世纪的探寻与畅想、沉思与凝重、辉煌与荣光，同时也接纳了现实与历史的隔空对话。

六

是谁挥舞长剑，护卫着西王母和周天子跨越莽昆仑，在这西域古道的游历中远去天山。

又是谁让千年的皑皑铠甲在汉将班超的不朽雕像上闪烁着大汉的威名。

我仿佛化身为一只金色的大鸟，在西域的梦游中用巨大的翅膀驮走陶瓷、铜像、印章、玉块、铢钱、通宝，以及浩繁的经卷，那远古的重量压弯了整个亚欧大陆腹地的玉石之路。

七

夜空钟鼓齐鸣，莫不是西行归来的玄奘法师在于阗的腹地弘法游历？那探寻的步履在广袤的和田游走不停。为什么库玛尔山上至今法音淼淼？那是东晋法显在于阗留下最宏大的声音。为什么曾经辉煌的都城，经过千年岁月的洗礼，只留下残垣断壁？除去战火的摧残，还有法国人格伦纳、瑞典人斯文·赫定、英国人斯坦因盗掠文物的斑斑劣迹……

八

时光荏苒，唯有胡杨钢铁般的意志仍然在千里沙海昂首伫立，成为西域生命的象征。

有波斯和希腊的使团和商队，在悠长的丝路古道，伴着驼铃声声，随远古的风从阿勒泰和塔克拉玛干沙漠走来。

桑皮纸做成的灯笼，照亮古城沉沉夜色。艾德莱斯绸缎漫过玉龙喀什河和喀拉喀什河的交汇处，将东西方最美的语言和流动的乐曲，以及穿在身上的风景演绎成“万方乐奏有于阗”的精彩乐章，在约特干故城的身体里汩汩流淌。

盛大的情节在夜空里鲜活灵动，那穿梭在古街上的波斯人、回鹘人、吐蕃人双目传神，脚步游动；那翩翩舞女，在霓裳曲中飞翔在如梦的佛国。

第二辑

南国走笔

手捧光明的人

——致革命英烈罗宗翰

追溯历史，民国的烟云里，你是一位手捧光明的使者。

在湘江以北，橘子洲头，你是追寻革命真谛和教育革新的风向标。

远望资江中游，湘中偏北之地，故乡安化的苍山秀水聆听你如火如荼的革命激情。那茶香四溢，民歌悠悠，乡愁浓浓的惬意，你可否穿越时空身临其境？

蓦然回望，世纪变幻的风云触动一代伟人和他的亲密战友罗宗翰。民族危亡之际，舍生忘死，心系苍生，挥臂前行，驱散湘地阴霾，让独裁和阴谋在祖国水深火热的抗争中迅疾地湮没。九百六十万平方公里的国土上，处处闪耀着罗宗翰倔强的身影。

扫视华夏大地，罗宗翰这位革命的斗士，披肝沥胆，追寻真理的脚步一刻也没有停顿。他是一名旗手，时刻捍卫着正义和担当。

那民国北平肃杀的寒流里有他劳苦奔波的身影，那学生运动、民主革命的惊涛骇浪中有他执着前行的身影，那血雨腥风、狂飙突现的革命洪流中有他呐喊召唤的身影。

白驹过隙，二十九个短暂的春秋，就在民国沧桑岁月中怆然而逝，每一个坚定而铿锵的脚步都烙出血与火的锤炼。

仰望璀璨星空，俯瞰苍茫大地，你是手捧光明的人。

今夜，我在你的故乡品尝着黑茶浓郁的香味，品读着热血和青春浇灌的文字，我的眼眶湿润，双眸泪光盈盈。猛然抬头，伟人的挽联浮现眼前：

严侍下罗君耻迂同志千古：
美哲嗣政教长才竟成千古；
叹吾党革命先锋又弱一个。

追忆你波澜壮阔的一生，我们只有垂首沉思。瞭望天际，哪一颗星斗是你思恋故土的眼睛？远观万家灯火，哪一盏灯是你指引青年前行的航标？

当我还沉浸在对你的无限追思，倏忽间那春光已逝、夏花凋谢，唯有那秋果累累。秋雨敲动窗棂，把我从民国悠远的故事里唤醒。英雄已逝，浩气犹在……

水彩画里的东涌

一

水乡东涌是张贴在珠江三角洲腹地的一幅水彩画，它轻盈如水谣，凝练似粤语，灵秀如岭南百里画卷铺展的水乡古韵，如潮飞动。

在水国的中央，身影婆娑，鱼儿一样穿梭在烟雨水乡，浮波畅游中翘首远望东涌灵动的模样，吮吸水乡古朴的气息，触摸古镇妈祖神秘的传说和海鬼的故事。

撑一叶扁舟，滑过东涌抒情诗般细腻的身体，我愿做这水上绿道深处的情人，昼夜为这云水相连的仙乡宝地放歌飞舞，吟诗作赋。

二

水色浸润的东涌，是跳跃在大稳村边的音符，是驿站码头艇家少女唱起的一曲咸水歌谣。

面对潮汐叠起，我正漫步在一段布匹上的风景，远处夕阳沉醉，渔舟晚唱。水村廊坊相接，跨过时光渡船，让古老的东涌和现代的水乡交织成一篇风生水起的绝美华章。

三百多年的东涌由茫茫浅海蜕变成绿色田园，一幅幅水乡鲜活的水彩画赫然炫目，昭示东涌从沧海沙田到风情水乡，华丽转身，似海浪奔涌，夜语缠绵。

三

一切尽在眼底，这灵魂汇聚的生命之舟。

万千儿女用智慧的叶桨，掀动东涌扬帆竞渡，百舸争流。

好一幅富家强国的水彩画，每一个亮点都弥漫着浓郁的乡愁。

一船一色，一街一景，一坊一物，恍如昨夜梦里远海荡漾。

望眼渔家婚庆，我可是那沙田水乡的如意郎君？在波光闪动中那伫立桥头的伊人，可与我共饮这水乡柔软的月色？

四

落入双眸的是东涌满满的收获。

那是一千五百米的旷世杰作，

是果实堆积的丘陵横亘在眼前，让人瞬间震撼。

这是水乡东涌的神话。

东部田园的神来之笔。

一部生命蓬勃的交响曲。

一幅披挂在天穹里的绝世奇景。

面对这生命长廊，我们只有仰望。

那远处汩汩作响的是心灵的喃喃低诉。

那被园丁喂养和培育成辽阔的，是田园的花海和不朽的诗情。

肥东记

我想我是为了那个爱的诠释的片段而缠绵地活着。

——题记

一

我是为了一片初冬的爱恋而穿越时空做无妄的追寻。

倾听悄无声息的夜吟在肥东的某个褶皱里绞尽脑汁。

想那冬天的雨幕也只有肥东在鲜活地呈现，像凝重的淮南或淮北的黝黑土地？

二

想你了，就跨越千山万水，在那片幽静的冬天，和暮光一起去搜寻肥东爱之恋描摹的画卷。

那是我离开陇原，漫步皖南时展现的色彩，灰色的天空被一群缪斯的孩子涂抹成爱的伊甸园，一支丘皮特的神箭穿过那段幽深的铁轨发出的铮铮誓言。

三

亲爱的，我想我是去了那个空蒙中充盈了爱和恨的故园，一个无法逃离的世界。

没有谁会阻挡一个脆弱的灵魂在黄昏里悄悄呻吟和呢喃。

一个逆行者阴冷和嘈杂混合的索求，把一个清醒的生命在众生的海誓山盟中活活嗑死。

四

那个爱的隧道是一条透光的箴言串起的无数根肋骨吗？

那片让我相思一生的版画在谁的夜梦里豁然亮出？

一切都在发生之后，像那鲜嫩的诗句在肥东之夜刻满泽夫兄发亮的额头和淮河空旷的胸口。

还会把行吟的脚板落进那段冗长的故事中吗？

我沉睡的身影在肥东粗壮的呼吸中依旧未醒。

倏忽间，那个夹杂着雨丝的幻境在冬的荒芜中衰落如一地枯叶。

五

我是这个肥东最贴近的吟唱者，那些零散的记忆，无法复原在肥东博物馆那面汇聚生死的历史长卷中。

那个冬天埋没的爱情经典在一群执着游子的晃动的身影中渐渐复活。

我想我是祈祷和奢望了太久吧，面对一片淮河的烟云，倾诉青藏的背影里锃亮的雨雪或失去温度的鹰眼。

六

我想我对肥东的表达已浸泡着雪莲的纯净和鹰笛的呜咽。

在这漫卷着淮河的芦苇和潮湿的乡愁中我已咯血而鸣，声带在跌破的泪滴中随夜梦凋谢殆尽。

晨曦在鸟儿的颤吟中被生动地唤醒，我就是草原上孤寂的格桑，在几片霞光中追逐度娘舞动的倩影。

我在这十二月安徽的胸脯上刻下一个青藏游子的歌唱，那就是我宽大的手掌触摸成的如烟沧桑。

你想象的那个男人在初冬的暮色里奔突如苍狼，在爱情隧道的踯躅前行中留下一段刻骨铭心的旧闻。

七

还会是谁，让我留恋一段悠长的诉说和历史的印痕?

那是一段月光的倾泻，在持烛者透亮的面颊上留下冷峻或炽热?

亲爱的，我就在埋藏伤感的怀抱里沉吟着，一直到黎明之光牵引远方的飞鸟归来。

你是在那个空旷的路口期盼已久吗?面对来回穿梭的车流，我们就是城市边缘朦胧的影像，在怅望中被迅疾地冲淡。

养育了一个冬天，你的消瘦在爱的暖流里逐渐丰腴，那光影里存活的记忆，在肥东柔软的意境里迸发着，那色泽苍翠的画卷，在坚硬的语音里生发包拯故里的铿锵之声，应该在古都开封的脊梁上揭开一段刚正不阿的历史。

八

你是淮河和长江分娩的精灵吗？

为何把落日的潮汐在噗噗跳动的脉管里融为春水？

拥抱你，我用洁净的爱情把阴霾的皮囊撕扯干净。

瞭望夜空，聚拢在肥东湿漉漉的呓语中，喊着你的名字苏醒。

远眺身边快速后撤的雨幕，那雨水缝隙里跳跃而出的是一段段低诉的衷肠吗？

海雀村

一张沧桑的脸，占据了整个赫章贫瘠的版图，也占据了整个中国关注的目光。

茅草泥屋，衣不蔽体，灾害侵袭，绝望的眼神，这一切警醒着海雀贫困的神经。

二十世纪八十年代中国贫困的代名词。

一个人的成长，伴随海雀三十多年的变迁。

一个人的力量，坚持到最后，凝聚成海雀村的力量。

楼台亭榭，农家欢歌，花香鸟语，青山绿水，海雀村发出的强劲之声，吹响新时代中国美丽乡村的集结号。

一座醒目的雕塑和后边的浮雕群，是一群精灵与贫魔搏击的震撼场景，让每一位瞻仰者热血沸腾。

当我仰望群山，苍翠欲滴，和音袅袅，眼前秀丽的景象就是最好的回答，这是最美海雀人的创业史。

海雀的村史就浮现在文化广场的墙上，乡村记忆博物馆记录中国贫困典型村的今昔。海雀人，用血汗和智慧把贫穷清除，让古老村落焕发生态文明的朝气。

奇迹由海雀人书写。

难忘一个人的名字，峥嵘岁月中让贫困吹醒的名字——文朝荣。一个倔强的身影，一个游历在海雀的灵魂，一座海雀脱贫史上赫然夺目的丰碑。

今朝相遇，我的灵魂鼓胀起讴歌的欲望，像海雀村那面迎风飘动的红旗。

夜郎行

探寻夜郎，只有深读《史记》，才能搜寻到夜郎故国隐藏在千年烟云中那些深浅不一的脚步。是谁，在夜岚沉静时灼痛一个远游者探寻的眼眸？又是谁，在赫章可乐的心脏描摹千年夜郎的踪影？

今夜，我在赫章的褐色土壤里埋下一粒访古的种子，将魂魄交给那片散发精气的秦砖汉瓦。探寻夜郎的脚步正跨过赫章的版图，而神秘的故地乡愁正浓。

赫章之夜，我只能把思绪交给千年挥泪写史的司马迁。穿越时光之槛，我们在清凉的月光下举樽长谈。走进夜郎故国的典籍中，细细揣摩老夫子书写夜郎的情怀，想那神秘消失的历史已被岁月的沉霜深深覆盖。

公元二千零一十二年，考古人的手终于掀开了夜郎神秘的面纱，那一年赫章人的脸露出骄人的光泽。

一个沉睡千年的灵魂复活了，从此它就生长在赫章人的心上，像一棵枝繁叶茂的核桃树，生发出溢人的清香。

韭菜坪

二千七百七十七米，在赫章只能仰望的高度，这天外飞来的灵物。

透过细雨霏霏，在草坪中远眺你婆娑的影子。

一阵花香在山岚里独自飘曳，我睁开探寻的眸子，聆听着紫色花瓣的问候和晨露的倾诉。

这绝世的情人，千年相约，今世相见，我已浸淫于你柔美的舞姿和婀娜的身段了。我们恬静的对视穿透了各自的暗恋，谁还怕风雨吹皱单薄的身躯。

整个韭菜坪就是花的王国。在万花染红山冈时，我愿是那护花的使者，低头梳理的园丁，和这世外的美景一起历经风雨洗礼和阳光抚慰。面对人类独有的青睐和呵护，还有谁不痴迷于圣洁的花朵绽放的万般风情呢？

伫立在观景台上，我俯瞰人流如织。雨雾终遮不住游者的笑语和诗人的行吟，那《唱响赫章》美妙的韵律撩拨着旅人的心扉，打开了花神的缠绵和遐思。

沉醉于花朵吐露的秘密和盟誓，我似置身天堂之上，牵着花仙的手独步云端。

在这旷世的韭菜坪，我们还能来世相见？

阿西里西

远处笙歌悠悠，苗寨的和谐之音在鸣奏。

广场篝火冉冉，彝族大迁徙的舞步透过古老的祭祀和民谣，把撼动山岳的声音传向远方。

阿西里西，一个充满向往的故事，一段灵动传神的旋律。

阿西里西，一个民族迁徙的步履，一块凝重透亮的活化石。

今夜，请展露你高原坦荡的心境，容纳一个远足者深深的膜拜。

今夜，请抬起你贵州屋脊的头颅，承接一个访游人探寻的眸光。

今夜，请亮出你乌蒙山脉浑厚绵长的歌谣，牵引一个倾听者虔诚的灵魂。

火把高擎，鼓声轰鸣，烟雨苍茫，诉不尽赫章人的豪迈和荣光。铃声叮当，谪仙临世，古琴凄美，唱不完赫章人今夜的狂欢和梦想。

阿西里西，我生命里最动人的篇章。

阿西里西，我至诚至爱的恋人。

今生今世，你就是我最美的情诗，一张望穿秋水的脸。

开阳神韵

一千三百年的历史顷刻凝固在我的心上。

摊开黔中丰厚的古迹，把镶嵌在水彩和岩画里的开阳，在行吟的豪迈和游弋的梦里如莲绽开。

那滚烫的民谣古韵在山水的浸润中荡人魂魄、如影随形。

占据我心头的开阳是诗魂揭开的一束灵光。

把千万仰望的目光汇聚到远古的沉吟和马马崖壁画的畅想。

想那活在历史中的水东土司，眷恋的目光是否还环绕在苍烟中的马头古寨？

时光已把身影晾晒在那块苍老门楣上，不见山寨笙歌悠悠，炊烟袅袅，只有苍山传来访客的嗟叹和马头寨古建筑群在风雨侵蚀中发出的呜咽。

那一沓沓丰润的绿书稿，写满了散文诗泥土的清香和烟雨乡愁。

那一张张隽美的新脸谱，汇集了黔中风物的大美和生态文明的写真。

那一束束深邃的苍老目光，时刻展现着开阳的豁达和坦荡。

那一串串沧桑的残旧脚印，始终见证着先祖的踪影和故事。

南江峡谷

是王母瑶池入世，还是天河临凡？

我把前世的梦遗留南江，今世来大峡谷兑现诺言。

群山苍翠欲滴，碧水潺潺，如丝绸沉静地漫过开阳的心脏。

在梦里展开羽翅，鸟一样在南江峡谷飞翔。朦胧中绿波帆影，江岸渔火，似有船歌嘹亮。

青山如黛，落日逼近，远处灯影绰绰，唤来友人共酌，沉吟片刻，已是醉意浓浓，横卧听箫，不知身游何处？

晨曦中远眺山峦逶迤，四十多条奇瀑如苍龙飞动，穿梭漂流的我瞬间震撼，惊诧于这鬼斧神工的造化。数只藏酋猴长鸣，江上白鹭翩舞，野鸭回转。环顾四野，伫立半山的旅客，孤寂地披裳神游，而心思依然跌落南江峡谷的深处，痴迷不知归路。

十里画廊

闯入那片黄金锻造的风景，瞬间感觉迷失了自己。

目光所及之处，绽放着花神对欣赏者的一见钟情。

天空定格成湛蓝的背影，云儿在静谧中躲进清龙河畔的家。

不是群山在沉默，不是风儿不唱歌，只因那巨型的金黄色泽强烈地挤兑着时空，占据了视角和灵魂。

敞开十里田园做成的调色板，那神奇的自然之手，挥动四季舒展的神来之笔，把开阳腹地涂抹成五彩缤纷的最美画卷。

十里画廊是清龙河畔迷人的眼睛。

远望那画廊里的景物，以及萦绕在花丛中的蜜蜂，它们远离喧嚣和嘈杂，都是幸福的。

烟雨古镇

翻捡南宋的踪影，我远远地眺望落入烟雨深处的柳江古镇，内心的沧桑和迷茫，流淌成花溪河两岸古栈道和吊脚楼上璀璨的灯火。

杨村河和花溪河两条画屏，就铺展在古镇的怀抱，随千年风物缓慢地向北流入五彩的花溪坝。

我想自己就是那条古街上彳亍前行的孤客，踏着清风码头，抚摸民风淳朴、乡音浓郁的古镇。那百年古树，斑驳的身影裸露在尘埃中，连接古今，风韵古拙。好一派西南锦绣，独浸润了这眉山灵地。

瓦屋山

七十二条飞瀑把天宫瓦屋装扮成白发飘曳的女神。

八十眼清泉把道教瓦屋滋润成沧海秘境。

身披鸽子花和杜鹃花编织的五彩霓裳，瓦屋山神韵骤起，恰似那道风仙骨的谪仙人。在苍雪映日中缓慢远行，在那神奇山顶的平台上打坐默念《道德经》。

独坐冬季，远望瓦屋山峦涌动，雪意缠绵。伫立山顶象耳山庄，想那雪国里徜徉许久的伊人。此刻我与你相视无言，只有低沉的呼吸透过薄暮，传递瓦屋山冰雪雾凇的缠绵。

分明是瓦屋山天池，为何让失散重逢的鸳鸯去给那神秘的一汪春水重新命名呢？面对远处呼啸而出的兰溪飞瀑，我瞬间被震撼，竟然想不起那幽静的池水之源，也许那钟声悠扬的正觉寺和光相寺才晓得那鸳鸯池的来历，会不会是一段忧伤的爱情故事呢？

谁的巨掌伸过象耳岩壁，在晨曦中观云海放歌，揣朝阳入怀？又是谁的虔敬轻盈而至，在暗夜里擎神灯划开禅林，静候佛光入心？

那条让魂儿走散的迷魂凼呢，至今也没有探险者深入的足迹，叩问瓦屋山，何日解密？

与东坡书

那一抹烟云穿过时光隧道，弥漫在北宋灵秀的西南盛景。

一个被诗词的豪放和飘逸点亮的名字，穿过宫廷险恶和朋党之争的阴霾，把沉重的叹息留给王朝日渐衰落的背影。

是赤壁怀古的波涛拍打着的古老心堤，还是明月几时有的旷世亲情激发的泪眼朦胧？今夜，我背靠北宋这个羸弱的影子，用孤寂的眼神仰望卧居眉山的东坡居士，和他一起畅饮眉山老酒，吃东坡肘子，密谈神宗年间三苏的境遇和伤逝……

我把宋朝万家灯火里最亮的名字，连同那些不朽的诗句一同刻进怀古的文字。每当月光映照窗棂，它们都悄悄地跃出历史的册章，在我的小小陋室豪放沉吟，穿越古今，超然世外。

老峨山

天外飞来的一块灵石。

灵魂里直扑云霄的西南峨眉。

上苍降给尘世的一道圣旨。

凭借峨眉山的仙风灵气，我把你从历史的典藏中虔诚地捧出。

那三苏故里的西南边缘更像一段精美的史诗。

没有谁会怀疑老峨山的来龙去脉。

只有探寻者面对烟云浮动、雾草萋萋的景象会哑然失声。

晨曦中聆听古寺钟声悠扬，诵经人的眼眸浮现老峨山的坚韧。

一阵唢呐和连箫的凄美之音滑过香客和民众竖起的耳鼓。

那六月六朝山的祭祀绘成了老峨山奇绝的画卷。

彭祖山

八百年稍纵即逝，谁让彭祖入梦来？

今朝贴近彭祖山，只想叩开长寿大师养生的大门。

高山仰止，难阻寻访者纷至沓来的影踪。

寿星彭祖，从尧到商，漫游华夏八百年，只为寻求人类长寿的秘籍。一路走来，他是人与自然的通灵者。

一生坚守只为苍生的诺言，那尘世养生的奥妙被他精心淬炼成乾坤的昼转夜伏、沧海桑田。

拜谒彭祖山，更似仰望一张饱含沧桑、跨越时空的脸，这是多么神奇又充满幻想的神话呢。

远离生死，彭祖就是寂寞的神，让人永恒的膜拜。

三苏祠

那牌坊和高大的门庭，不论你来与不来，它都庄重地坐落在眉山的心脏，任由无数访游者仰慕和凭吊。

伫立在祠堂前，我被西南古典的绰约和雅儒迷住了双眼。远望“三分水，二分竹”营造的“岛居”，不远处苏轼仰天长叹、仗剑赋诗吟明月的豪放气势，那栩栩如生的景象就是一座浮雕？

穿过启贤堂，登上景苏楼，远眺抱月亭，那三苏的情怀和胸襟尽收眼底，还有什么抱憾呢？只是那《六国论》《东坡七集》《栾城集》都躲开众人的视线，沉入蒙尘的宋史中了。

今夜，漫游在这月色斑驳、竹影婆娑的眉山古道，想那千年前豪吟的苏东坡与今夜一个远游者的相遇，畅叙世事过往，旧貌新颜。我酒酣入眠，三苏的故居已在华灯初上时轻歌曼舞，车水马龙，一片世态祥和，整个眉山在现代与古风的融合中华丽转身，瞬间褪去了那北宋的颜色。

梦吟楠溪江

一

天地洞开，有水流从朦胧的气息中奔涌而来，在百丈悬崖倾泻而下，让满腔诗情瞬间状如飞瀑、纵横驰骋。

我在梦中飘过千年龙河古渡，撑一杆长篙，如游离的水滴，在一匹滚动的丝绸上吟诗作画，举杯畅饮。清风徐来，梦中的楠溪江，静如处子。暗香浮动，两岸灯火如繁星，青竹和芦荡交织闪烁，古村在眼眸里乍现神韵。那石门台、芙蓉三崖在我沉醉于渔歌晚唱时，从梦的视线里轻盈地滑过。

今夜梦入楠溪江，穿越千年永嘉，似有汉服美人，迎江而立，抚琴吟赋，更有大野鸟鸣，江上号子，荡漾百里田园，倏忽间我似置身仙界，痴恋忘返。

二

是远古的一段传奇？

还是天界的星汉流尘？

那排箫般林立的十二峰，正在吹奏人间的黄钟大吕，音落沉静水系，化作苍烟暮霞。倾听岩头、苍坡、芙蓉、蓬溪的喃喃低诉，掩藏不住唐宋明清的远古沧桑。透过习习夜风，把古老的耕读文明和鲜活的文化记忆嵌入古桥、暮塔、楼台、亭榭、牌坊和永嘉史志。

梦里的楠溪江，是舞动在永嘉心脏的一只八音盒，从我寂静的内心出发，一路放歌，昼夜不舍。远眺江水与夜色相融，一排排竹筏在灯火的辉映中像一首首诗词的悠长韵脚，把楠溪江上的景色融入神话诗篇。

梦吟楠溪江，我邀来南北朝文豪谢灵运，只为歌颂那片天外飞来的千年秘境。

梦吟楠溪江，我邀来盛唐诗仙李太白，只为畅游那段弥漫历史烟云的老风景。

梦吟楠溪江，我邀来东晋书圣王羲之，只为挥毫写下那千古传诵的佳句名篇。

梦吟楠溪江，我邀来百年巨匠张大千，只为泼墨绘就永嘉灵性的山水画卷。

梦吟楠溪江，我邀来唐代茶圣陆鸿渐，只为品茗论道笑谈一江风情……

三

梦游一江春水，我惬意之余，顿生敬畏和眷恋。徜徉陶公洞，远观狮子岩，流云飞渡，时光荏苒。夜里驻足耕读小院，俯瞰楠溪江，恰似一片舒展的镜面，在月光下熠熠生辉，江水虔诚地收拢起内心的风暴，把一腔纯净和柔美流淌成汉赋、唐诗和宋词。

梦访永嘉书院，闻书香袅袅，听水歌民谣，携友人观图。

伫立在丽水古街，一排排红灯笼迎风摇曳。灯火阑珊处，街西相邻的丽水湖，倒映着明清古树，月下丽水桥流水潺潺，波光粼粼。远处亭榭旁有人诵读《牡丹亭》，莫不是那隐没明朝的汤显祖，跨越时空回归故里？

古街深远，曲径通幽。历史的身影沿千年遗址，一路峥嵘。穿越神奇通济堰，一览龙泉青瓷窑，远观延庆寺斜塔；枕着丽水湖的水波，依偎着荷花池畔的接官花亭，品赏着楠溪古寨的古朴风情和浓浓乡愁。在数百米长廊演绎永嘉沧桑巨变，那丽水古街已成为楠溪江边人文亘古的一幅美图，那楠溪江已成为外界揭秘永嘉的一个支点。

今夜涉梦而过，那亮丽的楠溪江，在我灵魂深处落座，成为惦记永嘉的一个理由。

持稻者的祷词

——致袁隆平

这个初夏注定是低垂着头颅的日子，就像辽阔的稻田集体躬身。

一个与土地相依为命的人，一个与时间同向而行的人，一个把汗水和骨血奉献给大地的人，终于唱完最后一首杂交水稻的赞歌。

一个对农业虔诚的代名词，一个富饶粮仓的缔造者，从此把铮铮铁骨和赤诚丹心化为浓郁的稻香，闻一闻便是永恒的乡愁。

这个初夏，一个耕耘者面对泱泱大国的万顷良田发出最后的呐喊。

一切阳光和雨露在袁隆平的一双厚植老茧的手掌上欢歌和舞蹈，绿色覆盖的大野正散发着一个父亲的怅惘和执着。

谁面对饥饿会无动于衷？

那双焦虑的眼眸把获得丰收作为需要一生考量的命题，

那饥饿带来的欲壑被一次又一次成功的喜悦填平。

时光再快也快不过一个九十一岁农业伟人的脚步。

灵魂再高也高不过一个杂交水稻之父奋斗的身影。

初夏的正午是阳光明媚的，是稻香四溢的，是老人匆匆的步履迈过稻田万亩，是老人打开衣衫，亮出一个中国农民最辉煌的心迹和最坚硬的脊梁。

而这种美好都在这年初夏的一个正午消散。共和国宽大的心脏里一束荣光飞逝，迅疾地滑过生命的天际，像夸父逐日，留下一道醒目的痕迹。

一位可敬的父亲，把终生的爱献给伟大国度的人民。

一位可爱的老人，把智慧和勤劳献给华夏文明的沃土。

在这初夏的夜晚，我仰望星空，看到一颗“袁隆平星”在璀璨夺目，光耀中华。

大云辞

一

一朵云，舒展身子，将我混沌的心灵，抚慰成林荫大道上炫目的片片樱花。

一朵云，让一位远旅者与灵魂的栖息地有了贴肤的爱意。

一朵云，让千年的盟约跨越时空，把满怀的惬意捧给江南古镇。

晨读大云，那落满吴越遗风的成长履历，那细雨蒙蒙中透光的轶事，于斑驳的缝隙泄露水乡鲜活生动的秘籍。

二

漫步窗外静谧小径，不知名的花朵成片摇曳，如少女萌动的心思，张开轻盈之姿簇拥着一个高原人坚硬的影子。

似在梦中行吟，那清晨鸟儿的合唱不经意间就划破尘埃里跌落的寂静。远处轻柔的风吹拂，池塘旁边的风车旋动，群花芬芳，大胆吐露激情，在大云精心设计的一幕幕青春的时光颂辞里，没有丝毫的羞怯。

我想自己是没入迷途了。

在满目斑斓的花仙子的亲昵中凭栏眺望，曦光让大云披上五彩霓裳，一个佩戴王冠者的盛世乐章。

三

这是江浙沪最美的门户，大德之都绝佳的献辞，落满我孤寂的周身，众生的赞歌是花香缭绕，鸟语啁啾，以及与生俱来的一场杜鹃王国呈现的奇遇盛宴!

这长三角腹地最美的神话，在大云秘境二十八点七平方公里的香域里绝尘绽放。

嘉善最甜蜜的心脏，落座在歌斐颂巧克力小镇的童话世界里，那如梦之旅描绘的画卷中的劳动之美澎湃荡漾。

而明德之善的文化之邦正卷集着嘉善田歌和了凡善学的风暴……

四

云澜湾在温婉灵动的吴越软语中汩汩滚动着乡村振兴的创业之美。

烟雨中沉静的缪家村，正穿越古今，诠释破茧成蝶的变迁史。

走进远教广场，遥看四围文化长廊，镌刻着缪家村成长的峥嵘故事。

步入文化礼堂，映入眼帘的是八个沉甸甸的大字“走在前列、作好示范”，乡村的华丽转身和奇妙蜕变，成为水乡涅槃重生的活化石。

五

那是匠心独运，一场盛大的泥塑组群，在方寸之间用一双神秘之掌，幻化出万千嘉善文化遗产传承和妙趣横生的乡村人文图景。

一个朴素的身影浮现眼前，我与主人丁海龙热忱的目光相遇，似百年承诺，至今方可兑约。大师狂放练达，从容行艺二十余载。那多维度展示的杰作，引得随影而至的诗人们吟哦声声，赞叹不绝于耳！

六

这分明是花仙的国度，五彩缤纷，身姿婀娜，满目花波摇动。笙歌升起，妙音缠绵不绝。

碧云花园是秘境入尘，穿越古今的杜鹃是跌落人间的谪仙灵鸟，在一片辽阔的花海里打开神秘之羽，用迷人的沉香覆盖尘世，俯瞰众生惊叹的眸光，哪一片花瓣是自己的化身呢？

那倾慕已久的啼血杜鹃，正袒露稚嫩的花蕊，献给赏花人绵绵情意，一如江南婉约辞令，留下一串串割舍不断的惆怅与幽怨。

我卸下疲惫的行囊，想凭借一场浩大的寻花结缘盛会，敞开心扉，拥繁花入怀，倾诉雪域和江南的千年之恋。

七

云上甜蜜，来自古镇悠远的相思。一支横笛长啸，唤醒那烟雨空蒙中浮现的云澜湾美景。

从善如流，那吉祥之光环绕的绝美大云。一方水域灵动，夜歌撩动灵魂，那雾气萦绕中美人汤洗涤心灵，如痴如梦。

赏者鱼贯而入，穿越楼台亭榭，仰望飞瀑流泉，心境幽静，神情舒展。置身江南园林，窗外密林婆娑，风吹竹影摇动，那叶灵儿避开喧嚣，在夜的寂静里与精灵们倾诉。

八

细雨沥沥中撑伞入村，东云像伫立在风中远望的少妇，饱满的身躯在浓郁的乡愁里徘徊。那河浜两侧散落的白墙黛瓦，透出人间烟火。带状分布的江南民居，错落有致，拖鞋浜诗意朦胧，河埠头一叶扁舟随风而动，只是少了那摆渡之人。

如梦如幻的东云拖鞋浜，浮动着农家古酒飘香，浓浓的幸福盈满眼眶。大野清气萌动，云端客栈密布，一派繁盛景象。

大沽河

大沽河是胶东半岛的母亲河，是拥抱黄海的青岛之子。

我没有近距离去浏览大沽河的荣耀，只能打开中国地图，透过屏幕去探寻一条流经招远、栖霞、莱州、莱阳、莱西、即墨、平度、胶州、崂山等九县区的河流，它的年龄恐怕已经有千年之久。

大沽河苍老的身躯承载着潴河、小沽河、五沽河、落药河、流浩河、桃源河的兴衰和荣光，涵养着青岛境内一百五十七公里生灵的繁衍生息。

面对浩渺如烟的水系，我要透过历史的典籍，在灯火阑珊中翻捡有关描述大沽河的精言妙语，耳畔回响起："沽水起北海至南海，行三百余里，绝齐东界。"

顿时，我惊叹于这奇异的表述，敬仰这灵动之水带给我想象的辽阔和视野的撼动。

透过大沽河水草丰盈，百鸟飞临的奇观，我瞬间想对大片湿地的迷人景色倾情吟唱。在大沽河迷人的眼神里我读懂了，从南岸莱西一路高歌，在绵延百余公里的浑厚抒发中把母亲河的慈爱和呵护送达即墨古城。

远眺夜幕下状如飞龙的大沽河，呼啸着穿越千年胶东大地。

亚洲闸王，九个神灵之子护佑母亲河安然无恙，三百多电子眼，掌控着大沽河全流域的大动脉。

步入古槐林，一千余亩千年槐树群，在清风吹拂中倾诉大沽河流的变迁。

十九座，十九座啊，这些横跨母亲河的拦河坝是青岛的一张张平安符。

呵，大沽河，一条充满灵性和智慧的河流，永不枯竭的河流。

青岛栈桥

我在梦中把沾满黄土鲜活气息的脚掌安放在青岛中山路的南端。一个桥身从海岸上直插如梦如幻的青岛湾，那里除了大海的浪涛不停地拍打青岛的昼夜神经，其余的都交给了那浩繁如星、横跨时空的惊鸿一瞥。一幕幕沉重的历史片段，随时光豁亮呈现。

光绪十八年诞生的栈桥，是清廷军事防御建筑的新生儿，在一百多年战火涂炭中历经侮辱、洗礼和创伤。试看今朝，夜幕下流光溢彩的栈桥，每一根绳索都时刻抖动着抵御倭寇的神经。

抚摸桥的周身，追忆这四百四十米伤痕斑驳的栈桥生动演绎的青岛故事。倏忽间，情节如同潮涌舟动，如一簇簇聚合的浪花，迅疾地绽放又凋谢。远望那伫立在时光深处的回澜阁，正仰首接纳层层巨浪的倾慕和万千民众的赏悦。

即墨古城

我正视着祖国的版图上这个经千年战火锤炼后，从《战国策》《史记》中露出秘籍一样的身影。穿越了战国、秦、隋的沧桑烟云，公元596年把根扎在青岛的腹地，三大夫的美名典藏于史，从此这个即墨古城便有了一千四百多年盛而不衰的创业史。

似在梦中，我涉过黄河的十八弯，把双足贴近大沽河旁的即墨古城，脑海里不断浮现三大夫刚直不阿、田单破燕、田横五百士、郭琇三疏等典故画面，敬仰之情顿生，豪侠大儒之气充盈周身。我于这青岛的文旅核心，举盏长饮，挥毫赋诗，那雪域天籁之音响彻古城，即墨“一城、两街、十景、十三坊”欢愉沸腾，整个古城文庙的璀璨里唱诵着孔夫子《论语》的绝美华章。

解读一座岁月峥嵘的古城，探寻它闪烁着泱泱文明之光、古今绝妙融合的宏伟印记，那一千四百年依然矗立齐鲁大地的鸿篇巨制，是胶东半岛呈现给新时代最辉煌的礼赞。

俯瞰苍茫即墨，悠悠千年古梦，赋予这座神秘的古城太多的灵气和丰厚的文化积淀。皓月当空之时，我在故乡甘南打开即墨封存的记忆，在月光微寒中想那座古城不朽的故事和神秘的传说，正在时光的流泻中缓慢老去，印痕渐行渐远，隐没于尘世。

西塘：烟雨之美

况临北窗下，复近西塘曲。

筠风散馀清，苔雨含微绿。

——唐·白居易《北窗竹石》

一

一景开天，西塘在烟雨中与神灵对话。

庭院幽深，一排铁树迎风玉立。

一把油纸伞撑开西塘空蒙境界，贴近波涛涌动的古老河埠，连片的乌篷船静候着搭船摆渡的人。船工用力撑开水域，舟楫把游人的探寻带向开阔的河水中央。吱呀作响的小舟，划开西塘的静美，沉浸水乡江南，如梦之旅开启。

吴根越角，千年的文化之邦和诗书之乡，将古老文明汇聚在这恋恋西塘，惊叹之余，仰慕之情油然而生。

二

雨夜观西塘，灯火阑珊处笙歌悠悠，轻柔吴侬小调荡漾开来。南浔古镇犹如饱经沧桑的大师，演绎一场千古史诗。

民国诗人，穿越百年烟云，与我们相约今夜的西塘。

西泠印社的创办者，步履蹒跚，翻过时光之栅，与夜幕里彷徨的路人相遇。

徐迟沉吟烟雨西塘的诗句，在名人馆的浩瀚典籍中与众多探寻的目光结缘。“自古斜塘出人才，一扬风流天下知”，不知是哪位大家妙语，尽收西塘名人于一隅，当年那位身着布衣的先辈，是否也是烟雨入斜塘，领略江南古镇之神韵，揽尽西塘千古之奇绝。

三

一条幽静而狭窄的巷道在探求的眼眸中愈发深长，两侧白墙黛瓦上雨丝飞舞，藏匿于伞下的人流晃动，那多彩伞裙如莲花飘曳，成为一道亮丽的风景。

伫立烟雨酒楼，手捧西塘赐予的玉液琼浆，大碗里旋动的琥珀之光，映照着一群缪斯炽热的脸庞。

在西塘之夜，把酒临风，吟诗作赋，想那江南才俊柳永，在羸弱的宋朝，借着月光的背影，趁着风轻云淡，挥动神来之笔，狂吟“东南形胜，三吴都会……烟柳画桥，风帘翠幕，参差十万人家。”而深印脑际的是一位词神妙句：“西塘忆，其次弄堂中，花雪斜上青石板，跫音长送阁楼风。回首雨蒙蒙。”

四

凭借一河涟漪，驻足永宁桥头，打开一把花伞，孤寂遥望。南北长河雨歇，两岸华灯初上。我抬头眺望，这偌大的尘世，只有伊人夜雨漫步，想与之互诉衷肠。

雨幕垂落西园，迈步江南庭院，赏读历史长廊，远望山上醉雪亭迎风耸立，顿生灵动妙思。想那黄昏瑞雪初降，有情人踏歌相邀，于醉雪亭执手相望，呢喃之语相闻，久久无法离去……

过客匆匆，空留一方美景，何日再睹芳容？

铁佛寺

打开整个湖州，一段千年铸佛的故事跃然纸上。

我把梦境定格在太湖的南岸，湖州的心脏，铁佛寺的核心地带。

两株古红梅，泛动着赫红的六瓣光泽。

那被红与绿覆盖的庭院古树，把湖州涂抹成癸卯新年的一片火红心境。

整个铁佛寺在飘逸的清香中芬芳成寂静的千年往事。

那静谧的笑意，透过观音微微上翘的嘴唇，似在向世人诠释天宝三年鉴真大师的虔诚发愿。

远观铁佛寺东南不远处傲世而立的千年银杏，抚摸斑驳交错的文身。那片片叶瓣在清风拂动下，不时发出飒飒之声，传递着锰、铬、镍等十三种融合透光的元素，在岁月的锤炼中长成千年不朽的铁身，历经风霜雨雪的沧桑洗礼，成就一块净土的千年轮回。

古寺钟声悠远，西南角舒展身段的两棵古树，已是莲花粘贴在枝头，陪伴古老的铁观音，发出千年守望的清音袅袅。

暗藏大智的寺院禅意浓浓，似潜在的六朝玄机，从唐朝遗韵中神秘走来，渗透出宋代的俊丽神采。

柔美丰姿、端庄慈容的女观音从此打破尘世万千灵魂的认知，开创中国佛像的先河。

当我在梦中走笔湖州，在一豆灯光照映下翻阅古湖州的历史，那静静伫立在莲座的千年铁观音，在庄严的佛乐中向我们轻盈地走来。

那神情端庄、飘逸安详的佛身，那高踞的发髻、流畅的衣褶，微转侧身的铁佛向世人绽放千年的微笑。

穿越千年时空，仰望幽静中的永恒一笑。那俯瞰尘世的铁佛，隐隐散发出虔诚、真善、和美的灵动气息，把一缕缕铁佛寺的禅意倾注到古拙的银杏、绯红的古梅，以及嫩白的莲瓣和千古不变的人心。

神的张家界

与神的张家界在一场梦里邂逅。

说一段旷古澧水的神话，在云鹤和大庸聚首。

是谁，抡响天地大鼓，惊醒石英砂岩峰林峡谷的绝妙神韵。

是谁，欢歌一曲，敞开土家族人宽阔的胸襟和甜美的歌喉。

我在雪域远观云贵高原的隆起与洞庭湖的沉降区，那与千年云雾对话的天子山、索溪峪、杨家界和张家界大峡谷，向我关切的眼睛迅疾而来。

我在湘鄂大地的红色沃土上驻足沉思，那与沧桑烟雨缠绵的八大公山、五雷山、百里画廊和湘鄂川黔革命根据地，在我追忆怀念中熠熠生辉。那与民俗乡愁偎依的哭嫁歌、天神鞭、高花灯、摆手舞和三棒鼓，在秋夜里一个个被盛大揭幕。

在张家界的灵动之地，天地神灵的畅游乐园。趁着月光的婆娑，赶着云海的脚步，我邀来古今豪杰，在凭吊英烈魂灵的栖息地和纪念馆，在方圆九千五百多平方公里的湘西大地上倾听跨世的最强音。

没有谁触动我梦游张家界的每一根神经。那珍奇树种银杏、珙桐、红豆杉和樱花绰约的风姿，降落在我仰望的眼眸。那名贵药材灵芝、天麻、何首乌和茅岩莓宝贵的身段，早已隐藏在我灵魂的心域。那珍稀动物云豹、猕猴、华南虎和苏门羚敏捷的身影，穿越我今夜的梦境。

一切的美轮美奂都在这个秋天最相思的七夕之夜精彩呈现……

秭归：屈原

一场二千二百九十九年的大梦至今未醒。

那是三闾大夫的大梦，至今仰望秭归的山川河流，它依然在等你。

那亘古不变的祭祀在等你。端午，江边上弥漫着艾叶的清香。

中秋，夜空的皓月流淌着银色的诗行，那是万千歌吟者诵读你千古流芳的《离骚》。

一声跨越时空的呼号，惊醒所有仰视的眼神。

汨罗江在沧桑中呼唤一个不朽的魂灵，一道耀眼的火弧划过幽暗的天际，一袭长衫对月畅饮的屈子今在何方？

风雨之后，兰桨临水而动。

江鸟啁啾，却不见千年辞行未归的故人。

打开硝烟弥漫的战国图册，寻觅诗人的影踪，那仗剑前行的三闾大夫，在汉北与沅湘流放的路上。那历史的册章中，湮没千年的楚国在沉默无声。

为何那楚辞体的脚印牵动着汨罗江的波涛？

为何那沉重的河流至今沉吟着《九歌》和《天问》？

兵戈相见，长河落日。肃杀之气，覆盖大野。

诗人虔诚的祭祀和流失的战事被时光的烟云覆盖。泪水，永不干枯的晨露，洗涤着尘世的污垢。虔诚的汨罗江呵，那神性的诗篇在粼粼波光中闪烁，而时间正荣幸地接纳一个诗魂最优秀的部分。

碧水潺潺，轻风拂动。那时光的长河里传来《楚辞》的笙歌悠悠，一叶如诗的兰舟徜徉在屈子亘古的梦里。

罗江：星光村

远望处是一片透着烟雨的古老村落，在乡村振兴的路上熠熠生辉。

那个不起眼的云峰诗社，镶嵌在一群农民诗人的眼里。

其实星光村就是一首乡愁浓郁的诗，句句浸润着泥土的清新和鲜活的稻香。

农民诗歌正穿越时空，把满天繁星拉进新世纪深秋的晨曦。

在柚果飘香的庭院，一座绿色簇拥的诗歌粮仓，一群缪斯的儿女把星光村金灿灿的名字，

涂抹上诗歌的光芒。

白马关

寻声远望白马关，十万大山也阻挡不住。

九百多公里悠长的梦想，已抵达古都长安。

策马驰骋八百里，传书可至成都，穿过白马关前的含烟微雨，我只在乎曾经的秦蜀金牛古道。那蜀道之难尽在太白吟诵的千古绝句中，随雁唳鸟鸣古歌悠远。

曲径通幽处，已是迢迢远去的乡关苍茫。

试问匆匆过客何日书信相约？

落凤坡

眼前遇见的一切，皆是尘埃中最动人的诗章。

今日吟诵的惊魂之作，透过雨幕把众人的眼睛瞬间点亮。

一段叱咤风云的故事，已掀起历史的烟云，把凤雏先生从三国战事中唤醒。

凤雏凤雏今何在？落凤坡前空留孤寂，以及惊悚的鸟语。

千年古道，风烟起处已是峥嵘岁月稠。

触摸那石路纵横，遥想庞统先生摇扇布局，最后却把一声壮志未酬的嗟叹，连同那落寞的巨大坟茔，在众生仰望的眼眸中呈现，让一片惋惜和凭吊都落满呜咽。

岳麓书院

登上岳麓山，去拜谒和探寻华夏文明的宝库。

拨开云雾，穿越湘江千年烟云，唯独把目光和思想停留在那一座座一层层古老的建筑群里，用敬畏和惊叹的心来承接每一块风雨侵蚀的石碑，以及黄钟大吕般的碑文。

北宋真宗御笔“岳麓书院”，康熙颁赐“学达性天”，乾隆亲书“道南正脉”，让人仰慕之余，心灵撼动。

用探寻的目光扫视一幅幅旷达盖世的对联，清嘉庆年间“惟楚有材，于斯为盛”的妙对，传承至今已成百年佳话。更有湖南师大教授马积高撰联，曾晓浒书写的名联：“治无古今，育才是急，莫漫观四海潮流，千秋讲院；学有因革，通变为雄，试忖度朱张意气，毛蔡风神。”气势磅礴，惊世骇俗，赫然悬挂在大门两壁，启迪众生。

追溯旧时光，每一块匾额、每一片瓦碟、每一支风荷无不彰显着岳麓山千年来弦歌不绝、学脉绵长。步入千年学府，心扉被顷刻洗濯，每一个台阶、每一张石椅、每一扇门、每一幅画卷，无不镌刻着那七毁七建的惊世故事。北宋潭州太守朱洞的首创心血和山长张栻的一生夙愿，以及“一时舆马之众，饮池水立涸”的“朱张会讲”，那理学和哲学的智慧之光闪烁着时光淬炼的人文气脉。

那是潇湘雨季，走进文庙时细雨霏霏，仰望孔丘雕像，心境越发凝重，一如书院内潮湿的空气。步履轻柔地穿过长廊亭榭，走近二门时，两旁对联：“纳于大麓；藏之名山”，占满我的视野和心域，真是精深妙对，气度非凡。进了讲堂，便听到有人诵读清代书院学子刘梅村的《岳麓听讲》：“老木识前辈，响石弹清流。阒然西麓庐，宗此东家丘。”

听闻雨声霖霖，回首望，崇圣祠、濂溪祠接踵而来。匆忙中流连顾盼，目光已在友人和讲解员的催促下来到屈子祠。叩拜屈原雕像，遥想战国时的荆楚大地，屈子怅望汨罗江仰天长叹，《离骚》《九歌》《九章》《天问》应时而生，千古名句“路漫漫其修远兮，吾将上下而求索”，惊醒古今多少学子。

离开屈子祠，突想凭吊诗魂，应在秭归，顿觉心绪不宁。再想那南宋乾道二年张栻所作的《岳麓书院记》，已在前厅醒目位置木刻而成，成为千年不朽的历史见证。

脚步在庭院自下而上，众多文物古迹过目难忘，像一层层古代文明的活化石，在夏日晨曦的雨幕中渐渐凸现。而御书楼——一座中国民间大型的图书馆浮现眼前，让我眼前一亮。

步入馆内，书香之气扑面而来，数万卷书尽收眼底。书院作为文化宝库，在潇湘大地璀璨夺目。

南洞庭记

距益阳二十公里处的南洞庭湖，集湘、资、沅、澧四水与长江汇流注入，与水浸皆湖、水落为洲的沼泽地貌紧密衔接。境内河汊纵横，洲岛密布，辽阔水域上，近百个湖州湖岛如多彩棋子散布在广阔湖面，似碧空和星群的倒影，神秘莫测，形如自然迷宫。

汽艇入水，应邀与友泛艇畅游，浩渺如烟的南洞庭湖。一群白鹤亮翅翻飞，百鸟迎风齐鸣，令晨曦中原本沉寂的湖面顿生波澜。

目光所及处湿地植物交错丛生，那中华鲟、白头鹤、中华秋沙鸭在两万多公顷的浩大芦苇荡中自由穿行，肆意纵横。那一千六百多公里烟波浩渺的水系是大自然精灵们生存的家园。

翻看益阳和沅江志书，映入眼帘的是一组令人惊叹的数据：863 种湿地植物、164 种鸟类、114 种鱼类、10 多种国家一级保护动物、2.4 万公顷世界最大苇荻群落、118 个湖州及湖岛，一切与南洞庭有关的历史印记和保护成果一览无余。

靠近一座小岛，渔家正筹备午餐，友人用娓娓语调讲述“洞庭四珍”。放眼偌大的南洞庭，湖泊、永久性河流、人工湿地随处可见，湿地内易危、濒危和极危物种以及受威胁生态群落错综布置，成为生物遗传的基因库。

休憩之余，改为撑舟而行，远远地便望见千秋浃水之上的凌云塔，那古塔两旁半人高的青绿芦苇荡望空摇曳，隐藏了探寻之路。脚踩泥泞，蹒跚前行，近得塔身，便仰观一回，古人刻联在上，“文星磊落昭银汉，笔陈嵯峨焕彩霞”，揣测联意，应是祈福学子金榜题名，顿感此塔含义深邃而远大。距今二百多年的凌云塔，每至夏日，“水退洲上立，水涨湖中浮”的奇观呈现。而晚清重臣曾国藩、左宗棠、胡林翼、彭玉麟游凌云塔时每人吟诗一句，便成流传久远的著名七绝诗：“洞庭秋水砚池波，且把君山当墨磨；宝塔倒悬权作花，苍天能写几行多。”如此古塔，莫测高深，观塔良久，一种强烈的探求之欲撞击心门。

夕光晚照，小船贴近一片幽静之水，整个落日半浸湖中，水天相接处灿如胭脂。友人指点着的不远处的数座小岛，据考证为名士范蠡与西施归隐之处。恍惚间，我已穿越时空，抵达古越之地，观那越王勾践卧薪尝胆，复国灭吴，峥嵘历史跃然眼前，似梦似幻。那范蠡祠、西施墓落入视野，一个个神奇的故事和传说精彩上演，每一双探寻的眼神无不惊异于南洞庭湖历史的久远和湖乡文化的瑰丽。

开阔的水域宁静幽远，恍若隔世，这南国鸟语的天堂，才是范蠡、西施归隐的缘由。

返程在即，众多小岛炊烟袅袅，湖上骊歌悠悠，渔舟晚唱。

周立波故居

最重要的，是伟大的艺术家，不但是描写现实中已经存在的典型，而且常常描绘出正在萌芽的新的社会典型……伟大的艺术家是时代的触须。

——摘自周立波《文学中的典型人物》

当深浅不一的脚印落在益阳市谢林港镇的邓石桥村时，我的眼眸里填满你二十世纪五六十年代创作乡村剧变的开拓之路。

你那倔强行走的消瘦身影，一直穿梭在湖南农村最低矮的屋檐和最火热的劳动场景。你用一支灵魂和勇气铸造的如椽之笔，用生命最旺盛的激情和惊人的毅力，写就了一部震惊文坛和中国乡村的鸿篇巨制《山乡巨变》。这是你灵魂之作《暴风骤雨》之后的又一次火热青春的倾情爆燃，是那个年代山河欢颜、不断创新的真实写照。

十年磨一剑，你从益阳那片故土走了出去，带走的不仅是一腔热血，更是一位厚实质朴的人民作家呈现给共和国的人民心声。

在友人的指引下，我怀揣一颗虔诚的心，去拜访一位乡土文学的代言人，一位虔敬大地，从泥土里成长起来的写作者，一棵吮吸着洞庭之水长成的参天大树。

望着洞庭湖区特有的一座民居，一座土木结构，占地一千五百多平方米的四合小院，那悬山青瓦的屋顶，四面土筑的围墙，很像立波先生那坚贞风骨和昂然挺直的脊梁。

在立波先生的故乡，我仿佛看见了当年的他深入乡村，埋头田埂上，走村串乡，与民同食同寝，纯朴得像泥土一样。他拥有坚硬而厚实、宽阔而坦荡的胸怀，从磨出小洞的布鞋和被雨水浸泡泛白的斗笠上，从一页页落满尘埃和汗水的草稿中，看到他作为一名作家的责任和担当。走过复原陈列、生平陈列、文学研究室等三个展区，看每一位前来拜访的人，都深深地躬身默念他不朽的名字，一个被打上时代烙印的名字。

翻开一九八三年二月的《人民日报》，一篇怀念作家周立波的文章引起大家的关注："在各个历史阶段中，都可以看出他的创作步伐始终是和中国革命同一步调的。他的作品在一定程度上表现了中国革命发展道路的巨大规模及其具有的宏伟气势……"（作家周扬《怀念立波》）数行评语掷地有声，是对一位倾心书写乡村剧变，为时代放歌的作家最大的褒奖。

从立波先生故居出来，伫立在大门前，回望吴阶平先生题写的“周立波故居”牌匾，我又想起先生在《艺术的幻想》一文中的几句话：“一切进步的现实主义者的血管里，常常有浪漫主义的成分……常常地，因为有了幻想，我们可以更坚固地把握现实，更有力地影响现实……”

珠海印象

一

地处百越之地的珠海，隐藏在博物馆厚重的考古史料、秀美的凤凰山脉、珠海口缀若珍珠的百座岛屿和珠海市志中。那些散落的海岛沙丘、微露的山冈、纵横交错的台地，都遗留了先民们生存的印迹。

我细看陈列在博物馆展厅的磨光石和锈斑彩陶，还有中山县[①]最早的疆域图，它们呈现给众人的是距今四五千年前已有的原始族群的活动轨迹。

一块面积只有 6.81 平方公里的小小县域，何以成为今日的陆地面积 1736.46 平方千米、领海基线内海域面积 6050 平方公里的珠海？何以成为连接港澳的核心口岸和大桥枢纽？

二

行走在晨曦中的香洲区，不远处就能听到海浪和波涛的

---

① 今中山市。

倾诉。

地处岭南文化的核心区，被同根同源的灵魂深处的呐喊牢牢地粘贴在香山文化的生态群落中，就宛如晨光中抛洒入海的渔网，在波光粼粼中闪烁着珠海之魂，民族之根。

光阴荏苒，万年的故事在百越画卷中熠熠生辉，通过香山千年时光的演绎，把香洲区、斗门区、金湾区紧密相连。远望穿海而过的港珠澳大桥，如同一艘银白色的跨海巨轮，让华夏的儿女紧紧拥抱在一起。

三

沿着拱北、横琴、青茂等珠海公路漫步，伴着浓郁的海风，任凭潮风吹乱我的衣衫，我把最阳光的心情呈现给美丽的珠海。望着浪回潮退的珠海口，那些不朽的名字跃入我雪白的散文诗笺。

四

北国已处极寒天气，但地处南国的珠海，仍是古树葱茏，百花盛开。那红、紫、粉、橙、白的五彩斑斓的勒杜鹃，在这隆冬里独自倔强地怒放着。而满目斑斓的红花紫荆，一棵棵像出征的勇士，在大海的波涛汹涌中庄严列阵。

有一排排海鸥或望空嘶鸣，或上下翻飞，穿梭在流动的船艇和外伶仃岛上散落的人群，以及海岛情侣路上缠绵的身影中间。夕阳给湛蓝的海水涂上数层金黄和铜红的古拙之色，那疍家文化渲染的廊桥、牌坊，以及步行街上独特的美食与精致的民族工艺品同样炫目展现。我又想起那金湾区巨型贝壳酒店，会在我行走珠海的诗篇里熠熠生辉吗？

古镇顺德

此刻，我的目光就穿行在江南古镇顺德的旧街上。

风雨吹动的万千杨柳飒飒作响，把广东佛山的美丽一隅梦幻般捧出。

虽然阳光未露，远处的海风却依然穿越岭南历史长河，传来春的讯息。

几个古老名镇依偎在顺德的周身，难掩春色、惠风和畅。

该是江南才子佳人挽手畅游，那江南吴侬软语已遍布偌大的古镇，千年之后追忆，香消玉殒何处？

乡愁浓郁的民居古韵，紧贴顺德摇橹划水的古船倒影，那弥漫江南水乡的民俗风情，从顺德史志里灿然跃出，在这南宋以来灿若星辰的十大古老村落。

一个在春光里独自游弋的人，在远处石拱桥下泛舟而行，如同江南隐士，大隐于古巷石街。

循着佛山顺德的街区走去，只听到一阵鸟群的欢娱与喧闹，而人影在杨柳飞瀑中隐没得幽深旷远。

川西印象

一

一个约定，将我带入若尔盖湿地的心脏地带。

远望夏季的花湖，只有的格桑花成片成片的摇曳，我望不到湖泊的涟漪。倏忽间风已吹动，清新的气息迎面袭来，成片的花海拂过我的视线。

那不是牧羊女卓嘎的美眸吗？一直在我眼前晃动，让我数次怦然。

花神婆娑的倩影，在这青藏高原深处的湖泊展现极致的美。

深夏的花湖，身披绚烂的彩衣，鼓荡着诱人的欲望。云雀踏云吟唱着醉人的歌，一路逍遥而去。

那分明不是湖泊，而是川西草原明镜般的眼，注视着草原生灵的梦想。

二

若尔盖，一个让人着迷的名字，在我灵魂深处飞翔。

青藏高原川西腹地，清风吹起。

黑白相间的珍珠镶嵌在绿毯上，龙头琴拨动的情歌荡漾在游子的心上。

那一圈一圈涟漪一样漫过草原的旋律，成为牧人欢快的锅庄。

一束黑色的闪电蜿蜒过山冈，草地上留下新诗数行。

一簇簇格桑绽开迷人的脸庞，卓玛的酒歌成为乐章。

只为你呀，若尔盖，梦魂牵绕的地方，我把你最美的风景放在酒盏里一饮而尽。

三

那是妹妹梅卓的牧场，在川西的晨曦中裸露着寂静与安详。

银子一样闪亮的牧帐里埋没着失约的姑娘。

梅卓的爱情就是去年夏天最美的那轮月亮，散发着甜美和忧伤。

在这遥远的牧场，爱的诺言随着游牧的声音没入鹰飞草长。

倾诉，倾诉，在这个盛夏的牧场我张开无语的嘴巴，眼眸接近绝望。

目光随车流缓缓前行，一个小小藏寨，名叫西天部落，让我的灵魂颤抖了。

从西藏跋涉而来，跋涉了数百年，才把根深埋进川西草原的边上。

征战和迁徙，记忆已经模糊，多少的血和泪都洒在路上。

在川主寺，仰望对面半山坡上的红军纪念碑，长征路上革命的故事刹那间跨越时空，惊人地掠过每一个瞻仰的眼眸。我远眺烟云缭绕的神秘小镇，内心鼓荡着倾诉的欲望，这如诗如画的美景，可是人间天堂？

四

九座藏寨呈现，九瓣莲花绽放。

九位姑娘摇动着婀娜身影，九个神秘的传说在秋天打开翅膀。

九寨神韵，缥缈烟云入梦来。一片情感锤炼的美景，跌落在洪荒大野。

无数海子闪亮如星，月光下触摸娑婆的倩影。我听见不远处九寨的呢喃，是诺日朗在夏夜里一展歌喉，还是满天繁星坠落尘埃。不见了嘈杂身影，消失了功利欲望，唯有鸟儿的啼鸣和流水的清韵触动着心灵。眼眸里落满群山魔幻般的姿态，魂儿已游弋到长海。

那是五彩池光影的绚丽，是长海硕大的镜面，被人类和自然生灵的呐喊划破寂静。

遥远处人群如浪潮涌动，无数飞瀑的力量汇聚成旷世的倾诉。

那箭竹海、熊猫海、五花海呢？一切灵动的画面如朵朵彩云被阳光和风吹散成美景，妙不可言。

也许是前世的约定，面对诺日朗不舍昼夜的倾诉，我原有的思绪已被成吨的语言汇聚的震撼击穿，我的神儿已失，魂儿已丢，魄儿已散。九寨沟古老流韵，已訇然穷尽人间苍茫水色。

寻觅影踪，烟雨朦胧，一场美丽的邂逅。

曲径通幽，百转千回，一首动人的情歌。何时再呈现你的涅槃重生？

达古冰川

一

阿坝州黑水县芦花镇，一场千年邂逅在飞雪中诞生。

世界海拔最低，最年轻的古冰川在岷山与邛崃山的交汇处赫然耸立，横空出世。

119 平方公里辽阔的区域，在面积高达 632 平方公里的保护区中凸现核心的力量。

达古冰川就是一柄直插东昆仑海西褶皱的银色巨剑，在四川盆地西北边缘的高山峡谷地带嚯嚯作响，把苍茫冰雪汇聚的梦瞬间照亮。

二

沿着西北高、东南低的冰川走势，我把目光射向海拔 2420 多米的马桥，一队队人马影子般掠过我们单薄的身体，把希望定格到前方依山而建的下达古村，一个经幡猎猎、五彩斑斓的藏寨，恍如前世浮现倒影的故乡。

你们是谁？为何在海拔4000米以上的网红咖啡馆，喝着古冰川独有的雪原咖啡，伫立在窗口俯瞰那空旷的冰雪连天、遗世独立的壮美奇观？

你们肯定是一群谪仙，在万千条生命轮回的线纹上疯狂地舞蹈！

那是阿坝州最美的十三条现代冰川，年轻而充满活力的冰川，在阿坝的核心地带，在东昆仑海西的大片褶皱里悬空耸立、嶙峋奇崛。它一展偌大的胸襟，把月牙形一号冰川包裹在密不透风的灵魂深处，二号、三号冰川也随之落入达古冰川的心脏，在人类探寻的步履中咯咯作响。

三

跋涉者的影踪出现在中达古村的时候，千年古木苍翠玉立，有牛羚、盘羊、雪豹和金丝猴的身影远远地浮动，那寨楼上飘曳的红色经幡迎风飞舞，一种征服者的想胜利的冲动在相互抚慰中越发强烈。

眼前豁亮，成片成片的红石纵横交错地铺展在苍茫林海间，像一团团火焰急切地燃烧，又似如血残阳深陷尘世的倒影。

远处台地上野猪头、奇石、莲花台高高竖起，一幅绝美的川西民俗画卷舒缓地展开。

在洛格斯圣山脚下，海拔近5000米的冰雪世界，一只1500米长的美眸在雪线围拢中闪动着，莫不是修炼千年的雪仙跌落冰川的眼泪，一汪永不干枯的生命之源，那个冬措日月海，也叫尼玛拉措的神湖，千万吨古冰川冰雪储藏而成的水资源宝库。呵，这是岷江之肾，江河之源啊！

坪头羌寨

仰望一座千年古寨，仰望川西羌人千年跋涉的印痕。我的足迹轻触茂县的热土，一切都沉入苍茫的羌史深处。

曾经满目疮痍，地震像恶魔撕裂了人间美境，也近乎毁灭羌人千年的传承和梦想。那一场噩梦像挥不去的阴霾，占据了数万羌人战栗的魂灵。

十年后的坪头羌寨伫立在县城旁边的山地上，在樱桃花和脆李花的交相辉映下，焕发出至善至美的光芒。群碉石楼间草绿花红，鸟语花香，人声鼎沸，一场祈福的“祭山会”正在春天的和风中徐徐展开。举目眺望，那逼近雪线的九鼎山赫然耸立，如一块巨大的灵石阻隔生灵前行的脚步，羌人粗犷威猛之气瞬间通过古老的村落传递过来。

萨朗舞动，一圈一圈涟漪般荡开的舞群，气势雄浑，而羌歌清脆嘹亮，似一曲曲春水淌过心田。羊皮鼓舞，声撼山岳，好一派羌寨和谐美景，让一个远足者流连忘返。这里是世界羌文化的活化石，一座千古演进的活态博物馆，每一张图腾，每一块石头，每一座碉楼都渗透着羌族历史的厚重和沧桑。我徜徉在羌文化的核心地带，看那历史烟云终于遮住一个探秘者北归的方向。

俄苴节到了吗？我仿佛被淹没在羌人正月盛大的祭祀和狩猎的波浪中，聆听千年马帮穿越藏羌古道的铜铃声声，由近及远……

松坪沟

青藏边缘上的一朵奇葩。

敞开胸襟，亮出高山、海子、森林、雪山、草甸、遗址，亮出羌风古韵和绚烂民俗，亮出茂县纯净的风物。

我拥抱的松坪沟，是少女怀春的秀美，是水磨沟一泻千里的百年坊歌，是鱼儿寨沟群鱼欢歌飞龙门。

我涉水浅吟的六海子，是松坪沟的六颗珍珠，它们名叫白石海、上白腊海、下白腊海、五海池、墨海和长海，这些抱团簇拥、晶莹剔透的水系，季风缠绵，五彩斑斓，是羌人生命的根源，是青藏的密境！

那沟壑纵横里豁然铺开的二八溪村、火鸡寨、岩窝寨，是古羌寨的历史遗存，探寻古羌人踪迹的帷幕才刚刚拉开……

沁人心肺的雪花呢，去渲染冬天的童话了吗？那满目的苍郁和松涛，让我已然忘记身处何地。到哪里去寻归路呢？眼前的一切都成为松坪沟的玄机和谜语。

花开茂县

是谁，让千亩樱桃花染红茂县的每一个褶皱？

又是谁，令万亩脆李花把羌山河谷涂抹成一片香雪海？

春暖花开的茂县，是游子眼里激荡的南国雪海，是民谣和花苞绽放的妙音连连。我竖起时光的耳朵，远望羌寨高悬的古羊图腾，贴近镌刻在石头上的鸟鱼山水和硕大太阳的喃喃低语，我想还应该有花神的祈福。

阳光喂暖的茂县，是舞袖长歌的花仙子，把一瓣瓣心思倾诉给羌寨的碉墙和古巷里的羌人。

“三月相聚春赏花，五月相约夏摘果”，谁的妙语如此动人？我寻声望去，杳无身影，只有群花争艳，婀娜多姿。一阵花香袭来，我心扉訇然洞开，灵感膨胀，等风来……

第三辑

古今寻踪

甘南之上

一场梦覆盖陇上边陲雄奇的莲花山脉，穿越青藏东南部广袤的大地和空旷的原野，把五千多年古老文明传播到巴颜喀拉脚下。横跨千里唐蕃古道，一场场战火与和平之音交相呼应，打破了公元七世纪初吐蕃的沉寂。

解读甘南，要从羚城红土尕庄撒落人间的层层瓦砾和奇特的夯洞，以及一千万年以前遗落的古犀牛化石谈起，从公元十六万年前的丹尼索瓦人谈起，从甘加八角城遗址和洮州磨沟遗址谈起，从迭部新石器时期的然闹遗址谈起。

人与兽栖息在古老的羌戎之地，是云杉、松柏、红豆杉、青枫、杜鹃、白杨和虫草、贝母、大黄等植物王国的繁衍生长地，是河曲马、野牦牛、藏原羚、野驴群以及野鹿、黑熊、野狼、雪豹追逐嬉戏的灵魂家园，是龙胆花、雪绒花、雪莲花、达玛花、牡丹花倾情盛开的故土，是黄河、洮河、大夏河和白龙江奔腾不息的故乡……

是巴颜喀拉和西倾山脉的隔空长谈，是阿尼玛卿与措美雄峰的遥相辉映。

是草原湖泊的辽阔清澈，是拉尕神山的叠峰耸秀。

是空旷草泽百兽的聚合共鸣，是鹰隼穿云而过的苍凉呼啸。

是洮州万人拔河的浩气盖世，是舟曲摆阵舞的声震山岳。

是格萨尔与珠姆的婚宴盛大开幕，是东方荷马史诗的惊世传奇纵横万里。

是吐谷浑涉足甘南的猎猎杀伐，是唃厮啰[①]逐鹿甘青的战鼓阵阵。

是万里长征高光时刻的惊心动魄，是红色苏维埃政权吹响的嘹亮之歌。

是羌人无弋爰剑开疆拓土的灵光闪现，是“再造唐室”的李晟父子英名传世。

是侯显永乐外交风云的功绩赫赫，是虔诚弘法的俄昂宗哲万里跋涉的脚印深深。

---

① 唃厮啰：吐蕃王朝赞普后裔，青唐政权（唃厮啰政权）的创建者。

雪域之问

是谁，在晨曦擦亮甘南之眼，把生命最美的赞歌唱给这片古老的人间秘境？

是谁，在正午打开阳光的神盒，把尘埃中鲜活的格桑染上古火的光泽？

是谁，在余晖中甩出牧鞭之影，把暮归中苍凉的脚印涂抹上划破长空的绝响？

是谁，在月光照彻草原之夜，把酒歌和锅庄醉美的旋律荡漾在首曲青铜的皮肤上？

是谁，把格萨尔王的神箭从西梅朵赫塘的神话和弹唱中庄严地捧回？

是谁，从阿里高原神秘地消失，让吐蕃王室的血脉在甘青川辽阔的疆域上代代相传？

是谁，将西藏的古老文明在甘南大地传承，那藏文化的活化石从考证者翻动的手指间落满古藏文苯教文献的灵光？

是谁，在青藏东部竖起第一座城池，把庞大的文化工程留给后世惊骇的探寻目光？

是谁，在康熙四十八年把藏传佛教弘法之路在神秘的拉卜楞悄然打开？

跨世告白

我们是华夏民族的一份子，从远古时代一路高歌而来。

我们是古老雪域的一份子，从西藏神秘的古象雄文明而来。

我们是青藏之上的一份子，从青海巴颜喀拉神山的北麓，从甘川交界郎木寺镇深邃的洞穴，从甘青交融的西倾山东麓勒尔当苍茫草泽，从阿尼玛卿雪山的亘古绵延，被时光之掌激活，成为壮美的河流、山川、森林和草原。

这是一片神性的土壤，晨晖中蕴藏辽阔的草泽和带露的格桑，夜岚里吹生格萨尔的弹唱和龙头琴的召唤。

是人与兽的生死交融，还是血与泪的跨世告白？

是甘南彻夜璀璨的灯火未眠，还是远古飒飒作响的神秘之书被生动的故事拭去了尘埃？

弘法之路

安多巨大的暖袍里萌发的一枚果核。

七世纪初弘法的游历中磨砺成一株拉卜楞最高的菩提。

公元 1709 年的夏日如期而至，海螺声响彻甘南大地，从此佛的经卷在海拔三千米以上的青藏东部诵读。

訇然而起的钟鸣声是雪域高处的雪莲瓣瓣颤动。

谁的身影穿越冰川和千年遗迹，将时光的巨辙推送给新的世纪？

谁的声音亮过天地玄黄，在生存的年轮上刻下探求者倔强的影踪？

那精神的向度在甘南腹地驰骋延伸，是谁，在雪域的曦光里把法音吹动？

侧耳倾听，那坚冰划破初春的雨雪，把残冬之梦融化成桑曲的波涛滚滚。

甘南时光

一束光被时间之羽呈现在甘加秘境。

达力加神山被岁月濡染成青铜的色泽。

唃厮啰的身影与一座古老的八角城深度融合。

一段情被游牧之歌驮送冶力关口，那强悍的鲜卑部落吐谷浑便在洮州埋下倔强的脚步，千年古尔占堡演绎着吐谷浑百年的故事。

一双手被考古之旅投放到磨沟墓穴，五千年文明之风在2008年的夏日吹醒华夏千年期盼的眼神，让世界探究的视野瞬间开阔。

一只脚被朱棣之旨批阅进洮州卫城，那七百多年风雨浸润的城垣，一夜间把迁徙的背影张贴在古老战事弥漫的硝烟中，让怅望的眼神充满了畅想。

一部书被频繁之乱沉淀为迭舟伏藏，在时光逼近二十一世纪时，把悠久古老的苯教文献从美丽藏乡的秘境深处虔诚地捧出。

一本经被沧桑之声诵读成心灵旷美，八思巴那一双慧眼选定的福地，让禅定寺木版刻印的《大藏经》享誉海内外。

帘梦被岁月之眼撩拨起风情万种，那片古老的疆域，在远古的车辙上附着一篇篇战火的碰撞史和民族演进史。

洛克之手触开土司传奇的大门，那美籍奥地利人在青藏跋涉的踪影和掠夺的目光被陈列进美国国会图书馆，还有被他掠走的冒着青藏腹地墨香的经卷和数以千计的高原稀有的种子。

内心疆域

我的疆域是青藏腹地辽阔雄浑的牧歌唱响中国。

我的疆域是从青海的怀抱里脱颖而出的雄伟的阿尼玛卿。

我的疆域是吐蕃千年的梦想与新时代生态复活的美景相濡以沫的荣光。

我的疆域是秦砖汉瓦堆砌的千年故事。

我的疆域是唐诗宋词抒写的边关史诗。

我的疆域是逐水草而居的追寻和梦想。

我的疆域是鹰隼划破长空的喧响和激荡。

我的疆域是草原、森林、江河和山峦铸造的血脉。

我的疆域是生命之火冉冉升起的幸运之灯。

我的疆域是七十多万人民叩问历史发出的新世纪赞歌。

雪域掠影

没有谁会因古老而放弃这片让人泪目的土地。

一片穿越古今让人发出嗟叹的土地。

面对苍茫雪域，我是这个冬天唯一的逐梦人，把身躯和灵魂都安放在首曲咯咯作响的心上。

在夕阳下背对燃烧的黑影，我猛烈地甩掉汗水和尘埃，只仰望红光里远遁的背影和神骏驰骋而去的英姿。

我把黄河婴孩般的稚嫩之声在向东四百三十三公里的蜿蜒中锤炼成深沉的歌吟。

我把巴颜喀拉深处的万吨冰雪撩拨成传唱千年的滔天巨浪。

那阿万仓深处璀璨夺目的千年之眼闪烁成直耸云霄的煌煌雪域。

掀开烟云飞渡的扎尕那深处的石铸巨书，找寻洛克之旅的踪影神迹。

黑山白水的圣境里，一抹长征的红色印迹赫赫夺目。

我把拉尕山深处的藏羌古曲弹拨成格萨尔出征战魔的嚯嚯阵列。

我把白龙江深处万朵巨浪的嗷嗷欢歌铺设成仰天长啸。

上源歌吟

一曲羌戎牧歌吹动甘南汉代古韵的神话。

一支飞入草泽的长箭捎来北方鲜卑人欲望的脚步。

一束六世纪初的月光透过青藏的缝隙，吐谷浑神秘的踪影瞬间隐入初唐甘南的原始秘境。

一条翻越巴颜喀拉的溪流在甘南的最高处完成小溪育河的壮美蜕变。

一朵汉唐喂养的格桑梅朵，在吐谷浑的遍地狼烟中沉吟挽歌。

一片承接历史荣枯和兴衰的银霜覆盖青藏原野和横流江湖。

一座横跨青藏的雪峰，用高耸入云的雄姿阻挡住外侵者贪婪的灵魂。

一颗埋没千年的文明种子，冒险将瘦弱而顽强的身躯，生长在青藏腹地，高仰坚毅的脸庞，在雨雪的浸润中，把梦想繁衍成大野苍茫。

一抹彩虹把盛唐西边的雪域描绘成渴望和平的佛乐典章。

甘加秘境

在秘境甘加，雄浑的达力加山下茂盛的草泽埋没一段秘史。

一支神秘的商队在公元六世纪初隐身八角古城。

吐蕃赞普后裔唃厮啰放眼甘青广袤的疆域，以及千年部落挥洒的沧桑和万里江雪。

遥想十六万年前的甘加溶洞，眼前浮现丹尼索瓦人的影踪。

一部神秘的人类迁徙之书訇然展开……

从此，在这青藏东南部的土地上，还原演化出一幕幕夏河丹尼索瓦人精彩的生活图景。

寂静而沉默的达力加山，与厮守甘加秘境的佐海寺在初春的讯息里无言相望。

东部藏地的腹内孕育着考古史上震撼世界的突破，一个全人类生命史上的呐喊。

土门关

土门关一打开，迎面便是温暖的春风。春风吹散杨树上包芽的皮囊，梨花盛开的向阳山坡，把甘南第一村香告的冬衣彻底褪去，只留鲜活生动的生灵们的脆鸣。

太阳谷穿过曦中的薄雾，藏家烟火袅袅升起，浓郁的乡愁在酒歌的吟唱中奔涌而来，让旅者停下远行的脚步，藏寨的古朴厚重是让人无法抗拒的。

俯瞰穿越通达的兰合高速，恰似一缕飞动的哈达，传递着古老和现代的巨变神话。

深情的双眸盛满了峡谷的幽静和叠嶂重峦的青翠欲滴，一场豪饮后，我忘情抒写这甘南第一村的美丽故事。

桑科古城

是谁的脚步没入桑科古城的环抱？

是谁用马匹把行囊驮进草原的迷踪？

是谁用目光速记着一段吐蕃人的艰难迁移？

透过晨雾极力搜寻一座城堡曾经的辉煌和荣光。

仰望桑科草原北边山梁上的那座古城，其实只剩下一片片遗迹，像被风雪侵蚀消瘦的残骨。

谁也无法想象当初的岁月，在孤寂的雪线以上，在初春料峭的寒风中，青藏东部的安多深处，生命被如此安排。

八角城址

一支神秘的部落在甘加草原落居。

从此雄伟的达力加山在强劲牧草的吹拂中失去宁静。

这个拥有壮美雪域和香醇美酒的部落，把根牢牢地植入肥美的草泽。

一切都成为过客，而那古老的八角城在风雪中吹动远古的声音。

一切杀伐都随时光远去，唯有繁殖的牛羊和马匹，遗留的铠甲、箭镞和羊皮之书，还依稀流露出那些零散或完整的辉煌和衰败。

八角古城在人类探求的视线里闪亮着。

巨大而奇特的城池，一个吐蕃部落在青藏东南部命运转折的标志，就那样沉重地镶嵌在茫茫草海之上。

涉过汉唐河流，抚摸宋元绽放的鼎盛之花，穿越明清的沉寂，恰似佛界的一次次轮回。

其实这更像是一曲散落远古的歌谣，平寂中潜藏着激越，故事里掀动着浪花。

当高潮匿迹，一切与八角古城贴近的故事，都在时间的晾晒中淡出公众的视野。

拉卜楞

卷经一直生长在甘南的传说里，连同那座三百多年的古寺。

一座寺院钟声响起，一百零八座寺院钟声响起。

松柏掩映的大经堂，正在讲述佛涅槃的故事。

《大藏经》被陈列在寺院的博物馆里，想一想它们什么时候会穿过厚重的传承，把沉重的身子裸露在阳光下？

俯瞰拉卜楞庄严肃穆的容颜，谁的画板会是空白一片？

桑曲的雨水里浸泡的唐卡小镇，把千佛的影踪描绘成一幅幅奇美的画卷，成为西部小镇最完美的展示。

酥油花呈现一片祥光环绕的虔诚，晒佛节万人仰望的眼神，瞬间凝固成一句佛的偈语。

斯柔古城

清晨，我把目光投向甘加央曲河上游的舍京曲与恰莫涅曲两条支流的交汇点。

趁着料峭的春风，思绪提前抵达一个特殊部落的核心区。

抬头向东北遥望，达力加神山高大雄伟的气息倾轧过来，让人喘不过气。

坐落在甘加斯柔古村落北面的斯柔古城，只剩下错落斑驳的古城遗址，如一块块发青的残骨散落在夏河腹地。

时光逆行，我打开史册，想搜寻关于这座神秘古城堡的片言只语。苍茫尘埃中，时间的碎片还原之后，显现公元1009年斯柔古城的身影。一个与吐蕃唃厮啰政权命运紧紧相连的军事要冲和象征权利的城堡，在星火燎原中显露千年印痕，在甘青川辽阔的疆域抒写着一部吐蕃的壮美凄凉的历史篇章。

回首一瞬，二十世纪八十年代中期的某个夏天，戴着厚镜片的，个头瘦小、性格倔强的李振翼，带着考古团队一脚踏进斯柔的领地，面对东南长约 200 多米的奇异城垣，师从学者赵俪生的天水人李振翼震撼了，他和团队惊愕于与斯柔瞬间的视线碰撞。

那些鲜明而特殊的筑城法和出土的大量陶器、砖瓦、堞口、器具、饰品，都刻有土著文化独有的印记。

翻看《甘加斯柔城勘测记》，我依稀看见甘南考古发掘的奠基人，挺着清癯而执着的背影，用睿智的眸光和敏锐的洞察力，揭开了秘境甘加最神秘的历史。从此八角城旁边的古城遗址被赋予更巨大而旷远的命题，吐蕃赞普后裔唃厮啰的迁徙轨迹赫然在目。

今年夏天，我与那零散的古城遗址不期而遇，一种从未有过的孤寂浸透我的周身。遥想唃厮啰年少创业，雄心不泯，这斯柔古城便是他开创青唐伟业的一个历史基点，一种古朴神秘的力量牵引着探寻者永不停息的脚步一路向西。

宣侠父

在甘南最美的季节，涉过时间的河流，怀念一个名字。

用探寻的目光拨开欧拉草原每一片鲜嫩的草丛和诱人的花香，只想找到九十五年前那个不舍昼夜、匆忙穿行的影踪。

在甘南草原，鹰隼呼啸着掠过黄河，牛羊和马匹一如滚动的云朵，嗅着花香和炽热的阳光。我在欧拉打开《西北远征记》，看见一群执着而倔强的身影，以及他们坚韧的目光。穿越东乡、临夏，沿着大夏河进入甘南核心区，一双双宽大厚实的手紧紧地握在一起，一颗颗急迫的心跳动在一起，一张张期盼的脸贴在一起，牧歌随风响起，格桑花在甘南迎着风雨怒放，操着吴侬软语的宣侠父用脚步和眸光丈量着甘南，洞察着草原的每一个时辰。

那张坚毅的脸不时在人群中浮现，在甘南草原，革命者第一次把真理的火种播撒在藏族人心中。1926 年的夏天可以作证，4.5 万平方公里的甘南大地可以作证，辽阔广袤的欧拉草地可以作证，那“团结起来，自求生存”的号角发出那个时代的最强音。

当我推开宣侠父烈士纪念馆的大门，内心忽然翻卷起那个年代剧变的风云和共产党人掀起的革命风暴。用手轻轻地捧起已经被岁月侵蚀的《甘边藏民泣诉国人书》，沉甸甸的，在灯光下泛动着岁月峥嵘的光泽。

长达十年之久的压迫和欺凌终于在人们的奔走呼号和各方声援中胜利结束。在《西北远征记》中，宣侠父如此回忆："渡过了黄河，仍向旧洮州迂道回兰州，前后计程五十多日，当我回到兰州的时候，猛然如梦中被春雷所惊醒，中国的时局，正在剧烈地发酵了。"历史追溯到二十世纪二十年代末期，在广阔无垠的青藏深处，宣侠父，一个让甘南藏族人刻骨铭心的名字，一个中国共产党民族工作的开路者。

我沉浸在宣侠父烈士纪念馆，透过室内斑驳的几缕阳光，我隔着展柜的玻璃抚摸着他老家浙江褚暨捐赠的一些衣物和书信，不停地翻阅着仅有的一些文献资料，唯恐遗漏一点革命者一生征战的轨迹和荣光。

时空回转，聆听着黄河西去的呜咽之声，那个受革命先驱李大钊派遣来甘的江浙才俊，已经把朴素而伟大的名字镶嵌在首曲黄河两岸。那阿尼玛卿在呼唤，那首曲黄河在呼唤，那千里雪域在呼唤，宣侠父，你在哪里？高山不应，江河不回，一颗闪亮的星殒落在一九三八年七月古都长安最黑的夜里……

唐卡小镇

一朵云带不走桑科草原的沉寂。

一卷经藏不住拉卜楞数百年的沧桑。

一支笔画不尽千年佛陀的慧眼。

面对那些灵动的线条和神秘的色彩，我把欲望沉入唐卡精美的故事里。

谁能把佛国的故事从千年的孤寂中唤醒?

谁能把雪域生灵的啼鸣在一块方寸布绢上呈现?

当我怀揣敬畏，穿梭在拉卜楞唐卡小镇，一幅幅震撼灵魂的画作直击心灵，让滚烫的心扉颤抖，还有什么不能代表一个传承者的执着呢?

当我醉心于这千幅唐卡承载的历史的柔美和安详，眼神里泛动着拉卜楞和佛的慧光。

甘南之春

我在初春的翅膀上贴近时光的驿站，空气里带着清寒和料峭的风。

一切的风景都沾满了泥土的清新和残冰的破痕。

我俯视甘南大地，春的消息在沉寂的夜色里穿行，把黄河和白龙江涂满银子的光泽，森林和群山竖成伟岸，众兽的目光瞭望远处洮水在春梦中复活的影踪。

有生灵在呢喃的春风中唤醒黎明，可爱的春，娇小的身躯在高原隆起的胸口打着一声声口哨，撩拨着谁的一片伤情？

严冬的衣衫已被春的玉指揭开，裸露出新生命的肌肤，那是众生今年的期盼吗？我在这空旷的只剩骨头的缝隙里，瞅着不老的江河和花儿的芬芳迸出大地的硬壳，一路奔腾而去。

触摸那片初春的衣衫，我和春天的内心只隔着一缕阳光的距离。

今夜我伫立在祖国的西部，厮守冷雪在一片片大野中逐渐消融，想象那首曲和桑曲河水涌动的咆哮，会在初春的挽歌里喷薄而出？

一群灵魂就这样被草原的残雪沉寂着，与牧帐前深浅不一的脚印对望。

我的眼眸堆满甘南春的身影，哪朵云会放弃与冬日的对话，把塬上的暖风在雪域空旷的深处痴情地捧出？

聆听时远时近的牛角琴声，我的内心被嘹亮的歌声覆盖，黑夜失去了宁静。

天空依然抖动迷人的花瓣，将我孤独的身影紧密地包裹。

去初春的时光里放牧灵魂，让内心对青山和绿水的渴念在风的缠绵中迅疾地燃烧。

独坐北方，执着于对一群飞鸟的怅望。

独坐草原，那清凉的遐思在春意朦胧中虔诚地表白。

遥望临春的甘南，残雪在解冻的风铃中化为春水。

雪域的恋歌，在水草的露尖上舞蹈、歌唱。

我面对袒露的春之私语，鸣动那狂放的心弦，在春的蝉羽上抒写爱的乐章。远望草原深处，我用一种久病初愈的目光，撩拨高原悸动的心跳。

绝妙的精灵呵，今夜你撩动一个游子的魂，用飓风的手掌托起月光一样的歌喉。

在辽阔的青藏腹地，一条古老的河流在昼夜倾诉……

第四辑

草原踏歌

初春，远望雪峰

撩开惺忪的眼，推窗远眺，目光触及远处雾气升腾的阿米贡洪神山，它目不转睛地盯着我，直至我屈服于它的脚下。

昨夜醉后在阿米贡洪牧场狂奔，牛羊和马匹被我的咆哮惊醒，远方的云雀和鹰隼因一个人的尖叫飞走。

一个痴迷草原的人，怎么能轻易走出帐篷和牧场呢？

为何我的步履蹒跚沉重？为何我的呼唤短促低沉？初春黑白相间的线条，把我的乡愁牢牢地定格在故乡。

远处雪峰在我仰望的眼神里迅速抬高自已，以致我想贴近那伟岸的身躯时，那横亘的群峰和呼啸的山林阻挡了我想穿越的视线。面对初春的阿米贡洪，我想吟唱些什么呢？我至今没有想好。

草原的心脏

独自徘徊在烟霞覆盖的当周山，面对即将失去光晕的落日，我的神情已经沉默。

苍荒山影起伏，想那落雪的黄昏，谁的魅力之手操控这一场落日的好戏。

打开高原小城的大门，倾斜向西的阳光，透过厚积的云层。

几束光照射下来，与我仰望的目光相遇，一阵强烈的眩晕躲闪不及。

突兀地被光的影子挡住去路，远望羚城四面山峦叠翠，像极了一幅雪域盛景图，在苍烟浮动中顷刻被涂抹上黄金的色泽，天地策划的一场盛宴是人类无法复制的。

在甘南草原的心脏位置，我竖起光影的耳朵，时刻聆听来自草原之夜的舞蹈与歌吟。

夜岚四起，一切白昼的聒噪和狂想在星光里隐遁，夜神拉长了时光与生灵的对话。

黄昏沉落下去，深沉的夜里，山峦与河流肃穆对垒。

远处草地上，传递着野狐的悲鸣或苍狼的呼吸。此时的甘南沉默不语，辽阔的草海里，只有夜的黑影与孤寂的灵魂，在暗淡的波光里促膝长谈。

此时的季节之上，就是我去年雪落羚城时的一次穿越，让神灵在幽静里一次次悸动和不安。

在封控静默的日子，与妻偎依在客厅的几株垂落的马蹄莲下，在沉寂中静听窗外飞雪覆盖甘南大地。

把脸庞和眼睛紧贴在窗前冰冷的玻璃画上，我们与今夜飞雪的羚城只隔数毫米的冷暖，一切都在疫魔阴霾的沉重里被拉远距离。

首曲，首曲

一段亮光照射在我涉过大河的心跳。

一场雪祭从曼日玛乔科湿地一路追赶着冬天，把踯躅前行的脚步湮没在牧人帐望的阿万仓。

那片在幽暗中裸露的月光，把察干外香寺的背影涂抹上银子般的光芒。

一束在雪线下守望的目光，把阿尼玛卿最高处的神灵仰望，而悬空的雄鹰和雪地埋头远行的苍狼，在冬季最后的冰河上留下一阵阵凄厉的尖叫。

苍龙般起伏不定的群山和深夜未归的牛羊，在辽阔的欧拉秀玛带来了生灵们复活的消息，那些匍匐在首曲边上的精灵，谁会收拢它们迁徙徘徊的脚印呢？

有谁会把终身的念想安置在草原最柔软的地方？

面对那万卷狂涛的咆哮，我在祖国西部的大河上源亮起喉咙，把黄河成吨的语言汇聚成甘南天籁的集结号。

面对狂雪覆盖的河流，眼神凝固如暮鼓。

飓风中行走，听不见陈冰下面汩汩流动的声响，就像置身前世的幻影里。

首曲，首曲，那暗流在草原上极速成长，闪电般掠过阿尼玛卿的河曲神骏也赶不上它迅疾而去的潮头。

大河上源

古铜的色彩渲染的苍茫水系，用一生的精力也无法揣摩它辽阔的心思。

我从未在记忆的年谱上忘记一条河流的名字，任凭岁月峥嵘，对它的追寻从未停歇，时常在我激情澎湃的诗章中发出一阵阵长啸。

每当夜阑寂静，有野狐和夜莺在不远的草丛里独步，欧拉羊和河曲马在遥远的牧场上发出粗壮的呼吸声，残雪的影子泛着银光，像一把银制的利剑，顷刻间划开那河流厚重而旷远的历史。

一个夜行者在孤寂中伫立在黄河边上，他步履蹒跚，显得有些惊讶，沉思中喃喃低语，“是上源的河水喂养了生灵，还是生灵发现和开掘了河流？”

不舍昼夜跋涉四百三十三公里的黄河，把高昂的头颅和伟岸的身躯，铺展成九曲十八弯的一路豪歌，绵延不绝。

河流的声音

千年流水，把厚实的脚印落满大地，喧嚣之后只留下寂寞。

面对一泻千里的狂涛，我只专注于水流的方向。

从上游的草原醒来，我和那个梦魂牵绕的河流共同厮守。

一切话语都失去威力，只有静静地凝望和注视一条河流的行动。

天地洪荒，而苍茫水系正在诠释一个民族的精神谱系。

那清洁的灵性，在这个古老的大地上，独自闪烁着慧光。

透视你内心的刚柔之美，我从一片灯火开始。

你是一首沧桑壮美的歌，一滴苍凉浑浊的泪。

你是一掬蒙月蔽日的血，一颗激荡滚动的心。

苍茫浑厚的水系啊，你用辽阔的胸膛接纳万千生灵。讴歌你，赞美你，我们在你奔涌旋动的血管里急切的舞蹈，狂放不羁。

你是一曲古老的民谣，在我诗意的版图上滚动飞翔。

宽阔的河床在呜咽，两岸的红柳在舞动着身影，那飞起的鹰隼在描绘蔚蓝色的梦。

阿米贡洪

海拔三千二百米的阿米贡洪神山就是甘南最亮的美眸，镶嵌在安果民宿藏寨最隽秀的核心地带。

每当晨曦的浓雾抚摸阿米贡洪牧场蹁跹的身姿，那云雀的声音亮过苍穹，亮过早春牛羊粗重的呼吸和苍鹰俯冲的翅羽。

这是甘南草原生灵最温暖的栖息地，把人类的碎念和杂欲在阳光的布展中迅疾地掠尽。

这是尘世最美的一隅风景，酒歌在梅朵的柔美舞姿和百灵鸟的吟唱中缠绵，牧人的响鞭掠过初春的阿米贡洪，留下几片悠长的慨叹。

牧歌家园

把歌声留给温馨的草地牧帐，那炊烟袅袅里升起奶茶的咸香。

把祝福献给破茧蝶变的美丽藏乡，那绿色涂抹的家园是人间天堂。

把生命里快乐的时光呈现给三河一江，那波涛翻卷着朝晖和日落的苍凉。

把雪域最美的赞歌献给秀美牧场和浩瀚林海，那高原壮美的骨骼在经幡吹动中飒飒作响。把尘埃里孕育的故事倾诉给十万雪山和数千河流，那空旷的回音触痛青藏的每一根神经。

呵，甘南，雪域深处的一朵怒放的雪莲，带着晨露的幸福时光。

尕秀之歌

一个名字镶嵌在脑海里已很久了。

从一千三百多年前就坐落于东喀尔神山的溜川古城轮廓依旧。

晒银滩上生灵的歌唱已穿越古今。

征战、拼搏、碰撞中活下来的历史，是尕秀沧桑而古老影踪迁徙的活化石。

六十万亩赖以生存的辽阔草场，是前凉时期最神秘的疆域。

岁月让吐谷浑的子孙们在群雄逐鹿中稳住脚跟。

东喀尔神山偎依的神奇精灵，是格桑喂养的伟岸和雄壮。

龙头琴弹唱的悠扬中英雄格萨尔发出嗟叹，在锅庄的优美身姿中演绎神话。

一支苏鲁梅朵滋润的尕秀，是新时代甘南心灵的坐标。

一束阳光里温暖的尕秀，是族人终生守望的故乡。

五彩环绕的牧帐如莲盛开，望空嘶鸣的神骏驰骋草原。

鹰隼集结旋动的翅羽裹挟着风雨雷电。

一场破茧成蝶的博弈，一场涅槃重生的升华。

倾听尕秀，那绿色崛起的战鼓已隆隆响起……

尕海湖

一双澄澈的玉眸占据了甘南的心脏。

千年炽烈的爱在格萨尔王的弹唱中逐渐苏醒。

远望旌旗吹动，车马密集渐远。

尕海湖更像是西王母的泪填满了西行的辙痕。

那回首的怅望是浓郁的乡愁弥漫在归途。

那满腔欲迸发的豪言壮语，瞬间被千亩水域和万吨雨雪压抑着。

何时可以仰望一飞冲天的万丈豪情呢？

当岁月的巨掌揭开苍茫水系，灵鸟们啁啾的家园，已是春暖花开。

多少储藏语言的风库悄然洞开……

一行行与甘南有关的诗章正张开咆哮的嘴巴。

郎木寺

一条河流的诞生，一段古老的传说。

横跨甘川两界，只有佛陀的慧光穿越青藏高原东南部最美的图景。

远望坐落在松柏掩映中的郎木赛赤寺院，众佛在寂静中接受尘世的膜拜。

没有纷争，没有仇恨，没有无尽的欲望，唯一拥有的是一片虔诚。

诵经声响起，众生的祈愿在普降的甘霖中化为苍穹架设的彩虹，原野上迅疾长高的新绿。

那条河流连通甘川文明古道，一路奔放，穿越迭山峡谷，涌进藏乡江南，融入嘉陵江水。

首曲行

一束雪光覆盖了我穿越首曲的声音。

一场祭祀从远古的硝烟中让灵魂的摆渡和拷问成为现实。

一段黑暗中亮出的月光流泻成察干外香寺幽沉的诵经声。

一双布满风霜和幽怨的眼神，仰望阿尼玛卿淬炼的金身，被鹰隼和雪狐强劲的吟唱连成最后一句嗟叹。

草原上连绵起伏的山冈和迅疾而逝的马匹，带走了一群赤足逆行的生灵，那些活的精灵在天下黄河第一弯把众神的静寂和幽冥瞬间终结。

谁伫立在青藏最醒目的位置，面对震撼心灵的成吨呐喊，亮起新世纪玛曲最美的传说，把喉咙的万千张力咆哮成这个夏日飓风吹动的号角。

我心飞翔如初，裹挟着秃鹫的誓言和飞鸟的证词，把曼日玛和齐哈玛的虔诚和福祉，抛进滚滚河水和尘沙卷起的波涛汹涌！

那暗含卓格岭地美誉的草原，在华尔贡、道瑞、三木旦的弹唱中把英雄史诗传承。那望空嘶鸣的河曲神骥，如一道闪电划过阿尼玛卿的周身。

一束光射向诗和远方的聚集，凝固了十万雪山的祈祷和十万雪花抖动的如歌散板。

阿万仓

在晨露中推开黄河桥头的迷雾，把冷峻的身影插进朝露闪烁的草泽。

挑开阿万仓的轻衫，二百平方公里鲜活的贡赛尔喀木道湿地，在贡曲、赛尔曲、道吉曲三条河流与首曲交汇之地盘桓着，被飓风掠起牧歌，裸露辽阔的身躯。

沃特村寨如莲泛动，钟鼓声起，大鸟齐鸣，成群的牦牛挺起脊梁，在风雪中踏冰登高，俯瞰旷野，做着草原之王的美梦。

侧耳谛听的生灵竖起渺小的头颅，在正午的阳光下不屑于一群践踏者的吆喝！

在海拔三千六百米升起的阿万仓的最高点，我被南北相望的珠姆和琼佩山神的盟约惊醒。这苍翠如玉的大野，只有清澈心灵的海子如繁星闪亮，照彻阿万仓湿地最美的部分，就连摇曳的八瓣格桑都发出天神临凡的爆绽之声，那是两座神山无限贴近中发出的海誓山盟吗？

雨水还原着一个游牧人前世的脚印，而我用残破的手掌握住牧鞭，在晨曦的草场里尝试做一位沉默的骑手。

河曲马场

一道闪电跨过尕玛梁雷雨来临前的暗夜，在河曲草泽上亮出惊悸。

一群岁月磨砺的影子，在辽阔的乔科湿地，惊醒一地睡熟的苏鲁梅朵，只有神谕才能改变它们绽放的姿势。

远望草丛稠密的缝隙，时有小生灵们合奏恬静的小夜曲，如同万千军队穿越死亡雪谷，如此孤寂的行动，没有集结号，没有旌旗猎猎，没有嘈杂的脚步，只有死一样的沉寂和轻微的呼吸伴着雨夹雪。

与共和国同龄的河曲马场是一块养育神骏的灵地，上千匹青海骢蜂拥而入。这些河曲之外的神骏都在梦想，梦想成为广大河曲腹地的英雄，想拥有这片丰腴厚实的宝地。

像一团火焰瞬间划破前方摇动的静谧；

像一束箭镞眨眼嵌入余晖中泛滥的霞光；

像一段时光之羽在疾驰中撩拨草原颤悚的神经。

欧拉秀玛

欧拉秀玛是格萨尔的五彩虹裳，是金色的灵鸟在花蕊之巅纵情歌唱。

西梅朵赫塘是佛的一道隐喻，透过远山的牧帐和袒露的格桑，传递一段部落的迁徙和演进故事。

一朵云中升起的欧拉秀玛，是众神栖居的天堂。

一场雪中呈现的欧拉草原是最狂放的吟唱。

每当羊群布满视野，如云般飘荡，我就是悠闲自在的一只欧拉羊，一只专注于舔食和亲吻欧拉鲜嫩肌肤的自由之神。

这狼肚花怒放的山冈，雨水洗净的天空，不远处静如处子的黄河，饮酒踏歌的牧人，珍珠般镶嵌的牧帐，倏忽间在我的醉眸里如空气一般凝固，只有欧拉羊在努力睁大善目，唯恐失去警觉和灵动。

宗喀石林

一夜的雨雪，掠尽了宗喀石林山巅上沉积的云雾和初夏迎面吹动的风。

我用心抚摸着欧拉的每一块肌肉堆砌的河床，俯瞰着悬崖下沉静的黄河，在日夜积蓄着奔腾的力量。

在玛曲的腹地周游四百三十三公里，转眼间拐过第一个弯向西奔涌而去。

绕着宗喀石林鬼斧神工的造化，那尼玛之神用炽热的身躯和光芒将黄河锻造成一块跌落尘世的环形赤玉，发出熠熠夺目的光泽。

在海拔三千五百米以上的高山峪谷抡动时光之锤，敲响新时代青藏之上的生态文明的美妙乐章。

玛曲恋歌

俯瞰草原，夏日的阿万仓湿地，沉寂而宁静，远处鹰隼张开亮羽，如云朵里寄来的信笺，铺展在阿万仓空旷的胸膛上。

那风在鹰笛的歌吟中呜咽了，而牧帐里的酒歌随炊烟升起。

外香寺湮没在众僧的祈祷声中。大美玛曲，像阳光下撩开的古铜之躯，飓风中泛动神秘的传说。

落入眼眸的是河曲宝马矫健的身影，只有马匹，在沉思中迅疾地跃出山谷，望空嘶鸣，承载雪域最浓烈的生命恋歌，在格萨尔赛马大会上呈现一群王者的狂飙。

在海拔三千米以上的玛曲草原，我只选择对生命的敬畏。

穿越云雾，我们打开畅想的翅羽，向远方的欧拉秀玛飞翔。

沿途清新的草场和牛羊唤醒耳朵和眸光，那天边游走的畜群，寂寞的食草神，它们没有选择阳光和花朵的青睐。

在西梅朵合塘，在格萨尔说唱的韵律中，我与隐没在草丛的花瓣亲吻，成片的花海将我簇拥，浓郁的花香浸润我的心扉。一个游历雪域的人，今夜把头颅和灵魂安放在这偌大的草海，让游子的心沉入鹰隼的故乡，难以唤醒。

抚摸阿尼玛卿浑厚的胸膛，我的思绪在连绵起伏的云朵里环绕不定，梅朵的身影在眼前晃动，一个忧伤的歌者在西梅朵合塘的心里沉吟不走？

在河曲南岸，远眺风卷云动的草原，牛羊如一串串诗意镶嵌的韵脚，在牧人仰望群山时，发出苍凉的嗟叹。

而鹰隼紧贴云层，在雷电中高歌，似摆布一场宏大的交响曲。

唯有马匹，在遐思中闪进峡谷，那急促的蹄音承载雪域最浓烈的眷恋。

在欧拉秀玛的心脏，牧者挥舞着响鞭，在牧帐外弹响牛角琴诱人的旋律。情歌和花草都喘着气，天空有些沉闷，我邀来草原的精灵，等一场盛会的到来......

尕海之秋

深秋的碌曲已寒意充盈，涂抹铁青凝重的草原肤色，那山林幽静，苍岭如黛，飓风吹动，随处响起金属的碰撞声。

草泽里隐藏着水鸟的翠鸣，尕海在晨雾中睁不开眼，谁的声音涟漪样掠过瓦蓝的湖面？好像是青藏的牧者，又似二十世纪在瓦尔登湖畔与红松鼠捉迷藏的梭罗，把我从那个非虚构文本《瓦尔登湖》中唐突地唤醒。

湖面起风了，五彩斑斓的湖草在水天相接的地方摇曳着，观湖的人形影孤单，那成吨的语言和辽阔的水域已无法在一个守望者的内心汇聚成海。

落雪之前，那一株株骨感玉立的野蒿的身段，正在湖水浸润中敞开灵动的嗓音，汪洋恣肆的发泄着，它们不懂得生命被扼杀与离别的痛感。

一个人徜徉在尕海湖畔，任凭萧瑟秋风弥漫，独自沉吟这一片梦里叫醒的名字，想象自己已鹰隼般俯瞰这一汪湛蓝的生命之水。唯有鼓羽飞翔的天鹅和环湖嬉戏的野鸭，它们才是这浩大水域王国的绝对拥有者，而人类只不过是匆匆过客，带不走什么。

行走黄河

面对青铜的色泽濡染的浩荡河水，品读了一生也没有读懂一条河流存在的真正含义。

我从二十世纪九十年代初就结识了它，整整二十多年的光影里我不断探寻，追寻一条河流像追寻一场久远的梦。全长四百三十三公里的首曲黄河，在我豪放而辽阔的诗篇中发出呼啸与嘶吼。

每当夜莺孤鸣，雪狐在远处的山冈游走，阿尼玛卿神山巍峨蜿蜒如苍龙升腾，牛羊和马匹在牧场上做梦，月光更像一柄银制的弯刀，瞬间就划破首曲寂静的神经。

一个牧者悄悄地在黄河边上打着口哨，心情忐忑不定，往返的步履沉重，被一个命题长期困扰着。牧者在思考，他显得有些惊悸，胸海里不时闪现着一句悠长的话语，“是这条河流发现了我们上游逐水草而居的牧人，还是水源地广大的生灵发现了一条亘古不变的河流？”

虽然黄河发源于青海高原，但其成河于甘南玛曲草原，那九曲十八弯的一路豪歌是从玛曲才顺势而为、一展歌喉的，难道不是吗？

草泽鹤舞

一群白鹤和黑颈鹤玉翅闪亮，从苍凉的郭莽湿地出发，去南方的哪里安家呢？

我从湿地源头返回，穿过大片金色的草泽。小生灵们躲进湖畔茂密的灌木丛，它们低沉的呻吟，唯恐惊扰了远足的旅人。

鹤群一直在贴地飞行，翅羽触碰到湖面，甚至于划出一大片涟漪，是难以割舍这片灵地吗？地上的生灵们都抬起头颅，目光凄迷地关注着离开草泽的数行鹤阵，缓缓地飞翔。

远处飓风骤起，不时将有雨雪降临，我顿时收住急速前行的脚步，回首仰望。那飞入高空的白鹤已排成一字形，再次环绕过郭莽湿地，长长地呼吸草原新鲜的空气，鸣叫声此起彼伏，久久不忍离去。

欧拉湿地

远远地，我用目光扫视着眼前这片辽阔而陌生的草泽，像牧人暴突滚动的血脉。

曲折而错综如织的湿地上，有野狼群涉过欧拉草地，神秘的踪迹迅急地消失在远处的阿尼玛卿神山。

天地一片孤寂，几乎失去生灵的呻吟。

看这苍凉描述的一大片带光的乳汁，它们滋润了谁的生命和肌肤，以及一直鼓起的胸膛？

那草原之王迈动强劲的铁蹄，面对青藏腹地最震撼心灵的狂野冲动，生灵们守望的神经一直醒着，时刻眨动着欧拉草原最豁亮的眼睛。

“一场梦里寻觅到的灵魂的极致，顷刻在高原释放”，一个声音独白着。

齐哈玛

一个部落在彩霞覆盖黄河九曲十八弯的第一弯时，穿越齐哈玛首曲蜿蜒曲折的四百三十三公里，把英雄逐水草而居的历史谱写成诗，九曲回肠。

生命之河如胡笳十八拍的韵律荡气回肠，众生在齐哈玛首曲心逐浪高，沧海横流。

一曲撼天动地的凄美壮歌自西向东迂回奔突，在宽厚的臂弯里拼命东进，再次放浪形骸，一泻千里，完成一条河流百转千回的历史使命。

天际跃动，一片火光冲天，那色彩的热度烘烤着齐哈玛每一根跳动的神经。

在唐可湿地的内核，都是滚烫的水语贴近一个游牧民族最辉煌的曲调。在黄河上游，在诗人也寻不见源头的喃喃细语中，那力量的汇聚顷刻间四野纵横，如赤色云层跌落齐哈玛的身躯。

那赤铜沉重如鼓，在望空嘶鸣的神骏和踏石登峰的草原之王的呐喊声中，一幅隽秀的人间旷世图景，醒目地呈现。那是天神的大美之献，众鸟飞翔的栖息地，一个俗人为何如此震魂动魄？

则岔石林

这是格萨尔王岭国烟云缭绕的灵石苍林堆砌的人间奇迹。

是夕阳的一抹红霞点燃的烈焰涂绘的飞天霓裳，是九色鸟瞬间展开的彩羽，是大鹏追逐万千丛林的煌煌盛景，是凤求凰于则岔石林朝霞里升腾的高光与神奇。

是谁，在云霞如盖的朦胧中巧借天工神迹？

是谁，从格萨尔王与珠姆王妃的盛大婚宴上求来吉祥的玉液琼浆，抛向则岔如梦如幻的苍山云林和清泉淙淙？

我在深秋的朝露里把双足安放在则岔最迷人的土壤，从高山之巅俯瞰群峰耸立，万壑纵横，祥云密布。石林如千军万马，齐聚则岔，把英雄格萨尔的传奇在石峡和高山平湖中抒写。

沉重的声音

——悼念二毛先生

一场极度的悲凉，让我无法舒畅地呼吸。在二毛先生出生的拉卜楞，以一场雨的落幕掩盖了一个诗人的吟唱，那《天缘纳木错》呈现给旷远的大野，让草原的寂静和惆怅连同夜的迷茫都无处驻足。

今夜无眠，只因想起三十年前珍藏的诗人手迹，无法复原的一场大梦。

一张催人泪下的大幕已经落下，壬寅年七月的晨曦中沉默的甘南，空留一个歌吟者最后的绝唱。

这个夏天新冠病魔笼罩的拉卜楞，时光和生活被迫按下了暂停键，昔日繁华的小镇，已是空巷无人。细雨连绵中，只有你离开的身影和沉重的脚步涉过拉卜楞沉寂的夜晚。

一个声音沉重地发出，是《拉萨的秘密》，还是《深情的弟弟》，或是《可可西里》，如同地下迸裂的火焰，在七月的雪域持久地漫延。

黑力宁巴

听到这个名字的时候，一阵飓风突兀地掠过我的心脏。

在阿木去乎镇的前方，国道 213 线公路的旁边，从老远处便听到锅庄舞动的神韵在草原的深处响起。

黑力宁巴在海拔三千一百米的高度，用巨硕的双臂擎起百亩花海，那好时光里摇动的八瓣格桑，在浅紫、粉红、淡玫和乳白中摇曳出一个崭新的观景圣地，一支五彩斑斓的神性之笔把黑力宁巴描绘成青藏线上最靓丽的风景。

这是一片精灵养育的传奇之地，辽阔的十万亩丰美草场，和依山而建、错落有致的跨世蝶变之域，乡村集市、藏俗体验、骑马射箭、藏戏传承、高端民宿、手工制作，新时代藏乡文明的典范，霎时全景式宏大呈现。

村民拉毛草搬家新居，幸福之眼越发明亮。在南卡东知经营的观景台，远远的寻着栈道向前。满目的花海随一片片白云舒卷游走，远处的食草神在寂静的草场望天沉思，全然不理睬草原上生命力最顽强的格桑和矢车菊的抚摸，也许此刻这片神秘的栖息地正与神灵进行一场绝世的对白。

山冈上飓风开始疯狂地扫荡，山坡上逍遥自在的牛羊和马匹，在盛夏强劲的牧草上迅速收拢，把厚实的皮囊隆成山峦，任凭电闪雷鸣，风雨侵蚀。

目睹这广袤苍翠的大地，黑力宁巴像一块坚韧的灵石，盘踞在 213 国道最璀璨的地方。

安果牧场

在夏河县南部草原和213国道的交会处遇见了美如画卷的安果牧场。

在古老藏地阿木去乎与夏河机场的交汇点上邂逅了神奇的安果藏寨。

一幅巨大的画卷被草原的巨掌徐徐展开，在阿米贡洪神山的脚下，煨桑节在农历六月十三日拉开帷幕。一座座银白色的牧帐与安果牧场晨曦中飞动的云朵相遇，成为云上阿米贡洪最美的结合，是民众仰望祈福的眼神齐聚神山之巅，是插箭的祈愿和安详之光的訇然呈现。

内心的情波荡漾，吹起一片片歌吟的涟漪：那是神的安果，在众生心灵的牧场吹动祥和的螺号，是跨越时空的畅神。

在海拔三千米的神山脚下，我看见的是千亩花海的激情展演和滚动的牛羊，是食草神和采花神的默契对望，是旷世的绝笔书写赛马、摔跤、拔河的壮观美景，更是九色花溪涓涓细流诉说的一段绝美的爱情故事。

那是甘南夏季牧场的神的休憩地，我与千年伫立的一块神域昼夜对话，与格桑、苏鲁、龙胆、马兰对话，与古老的格萨尔王的传说和夏河机场这个现代文明的地标对话，与四季环绕阿米贡洪的猎猎飓风对话，与那白雪皑皑的神山和远离尘埃的神秘净土对话。

黄昏里，我是安果牧场的一个驭手，骑着神骏，赶着余晖中身披霞光的牛羊和藏香猪，悠闲自在地歌唱。

暗夜里，我是阿米贡洪景区璀璨灯火中舞动的身影，是伸手承接满天繁星的执灯而立的使者。

一群缪斯的守护神穿越安果的心脏，穿越牧场之家与阿米贡洪景区的交错地带，把对安果的无限眷恋与倾情讴歌镶嵌在草原之夜最神秘的典籍里……

第五辑

迭舟追溯

扎尕那

那是涅甘达洼山神的偈语。

在一场云雨的交融中，卸载一群灵魂虔诚的眼神。

晨曦中解读扎尕那如梦如幻的身影，宛如千年沉淀的浩瀚经卷。

在东哇、业日、达日、带巴四个孩子的呵护中迅疾地长成尘世骨骼的险绝和神性纵横。

站在观景台上，我似流放千年的神灵，在风声鹤唳中饮歌长啸。

放开喉咙，让心之块垒瞬间一泻千里。

舒畅地仰望对面的石林在云雾中升腾自如。

还是忘不了奥地利人约瑟夫·洛克的迭部之旅，那声惊叹还不时萦绕在耳畔。

——如果《创世纪》的作者曾看见迭部的美景，将会把亚当和夏娃的诞生地放在这里。

——迭部是如此令人惊叹，如果不把这绝佳的地方拍摄下来，我会感到是一种罪恶。

穿越迭部

三只鹰隼都飞不过去的，就只有高耸入云的措美峰了。

一幅巨大的油画，活生生镶嵌在迭山白水间，将我仰望的灵魂全部占据，没有留下想象的缝隙。

一切都像安排好的，我几乎是跟着神灵在卡坝东边的峡谷里穿梭，甚至像一朵随意绽放的云，想无限次地逼近迭部秋风鸣动的褶皱里。

把自己交给扎尕那的月光，还是呈送给尘埃里翻诵经卷的旺藏寺？

我涉过达拉河的静寂，只为抚摸八十多年前为前人遮风挡雨的数棵千年古杨。

那闪烁在尼傲、阿夏和多儿的旷世诗篇，是尕巴舞狂放之美，还是一个游走者的泣血而歌？

为何聆听不到八十多年前的红色集结号？

唯有腊子口战役的纪念塔在对往昔的追忆中独自沉吟。

洛大的果实沉甸甸的，就像母亲甘甜的乳汁，丰硕着迭部成熟的日子。

想那苦苦追寻而来的白龙江，已在眼前剧烈地颤动着身子，将我陪伴的河流幻化成一叶舒卷的兰舟。

闪光的地方

红色光芒在历史的底片中豁亮、定格。

记忆在达拉河边翻捡一段红色印迹。

跨越八十多个年轮的故事，在新世纪的阳光里裸露旷世的业绩。

一九三五年九月十二日，迭部高吉村注定会成为红色典籍中沉甸甸的一部分，在国人敬仰的内心熠熠生辉。

一个发生在甘南藏地震惊华夏的历史抉择。

一个让高吉时光凝结成惊叹号的闪光点。

一座藏式榻板房简陋地接纳了一群长途跋涉后依然目光坚韧的灵魂。

夜晚迈进月光斑驳的杨树林，眼前出现两棵身躯粗粝而挺拔的古杨，在静寂和空旷中昼夜对话，不停地诉说那场重要的俄界会议……

腊子口

长征最精彩的部分离不开一个响亮的名字，历经八十六年依旧光芒四射。

腊子口，在百年党史的光辉点上永恒地闪烁和飞翔。

一页中国革命史上最美的华章，在翻越最后的天险时吹响胜利的集结号。

聆听腊子河水诉说那段憾人的革命风暴。

仰望者的额头弥漫着长征岁月的峥嵘。

秋风乍暖还寒，瞻仰的人群涌向纪念馆的深处，望着朱立沟满山遍野的红叶，像红军战士的鲜血浸满枝头。

脑海里倏忽间就闪现一幅幅战火纷飞、英勇搏杀的悲壮画卷……

人群伫立纪念碑前，在仰望和敬畏中由衷地发出慨叹，成吨的颂词和歌吟潮水般纷至沓来，捶打着一个个赓续血脉的灵魂。

迭山横雪

冰雪的翅膀都冻僵了，鹰隼怎么高耸入云。

在扎尕那大雪封山的季节，我幻化成一只灵鹫，在沉梦中随时光巨辙俯瞰迭山苍岭。

一群野鹿与静守猎物的狼群对视，而雪豹与马熊、岩羊藏在紫果云杉里谛听胜利者的荣归与残败者的哀号。

一切都始料未及，眼前雪色凝聚，群峰耸立，把对迭山的眷恋吟唱成如歌散板，在历史苍老的峭壁上敲打成时光里直逼云霄的挽歌。

这是喀斯特地貌最原始的天然博物馆，这是奇珍树种和珍稀动物、原始生物的基因库，甘南最美的古生物化石乐园。

我把自己想成一只普通的鹰隼，在这空旷寂寞的峡谷嘶鸣，而连绵起伏的迭山如沉寂千年的神灵，连眼眸都不眨动，整个茫茫雪岭，只是自然界的独角戏。

迭山横雪依旧，无视我的存在，无视生灵的存在。我的翅膀已僵硬，我的嗓门已沙哑，连一句像样的话都说不出，在一阵寒战中翻身坐起，竟是惊梦一场。

迭部石门

三道石门像三面坚硬的盾牌，鼎立在迭山断裂带的醒目位置。

只有三只鹰隼穿越而过，把旅人的想象阻挡在外。

驱车逼近石门，跃入眼帘的是海拔二千七百多米的纳加石门，两侧巨大的灵物步步紧逼，想把这尘世的生灵挤压成一块喀斯特残片。一切在接近窒息中悄悄穿越，唯恐惊醒那熟睡的涅甘达洼山神。

在空蒙混沌中沿河流逆行，看见依山而建的四个村落掩藏在云雾缭绕之中，只有迎风飞舞的经幡吸引着探寻的目光。

想那民国年间就涉足迭山白水的奥地利人约瑟夫.洛克，其探秘笔记所呈现的奇景令世人惊叹之余顿生强烈的贪恋之欲。

那石匣子的轮廓在扎尕那石门耸立的顶端隐约闪现，那神秘的闪着曦光的拉桑寺，在遥远的山坳上裸露真身，一度让信众们抬起敬仰的眼神。

石门两侧的山峦苍翠欲滴，起伏跌宕。面对这奇崛之地，内心顿生恐惧之感，用目光探测前方狭隘通道，密境之门即将敞开，扎尕那神奇的面纱瞬间揭开。

鱼贯而入，我们像鸟群聚散，在这农、林、牧的复合体内，独享田园风光，一种从未有过的舒畅感迎面袭来，我忘却了身处何方？

扎尕那在白龙江上游的高山峡谷中等待着，在秦岭山系的西段等待着，在白龙江隆起与洮河凹陷的交界带上等待着，在青藏高原、黄土高原和成都盆地的交界地带等待着。

远处依山而建，层叠错落，聚散适宜的四个兄弟带巴、达日、业日、东哇，正在那光盖山石门的背后等着众生的光顾。

打开光盖山石门的瞬间，高耸入云的巨峰直逼眼眸，豁然开阔的山林村落宛如陨落尘埃的仙界，在众生的惊愕中呼吸急促，毛发竖起。这天地横陈的巨灵，訇然一声轰鸣，抛弃杂念，把一颗虔诚的心捧给这万物生的源头。似乎有神的谕示呈现：放弃幻想与冲动，面对这超然世外的馈赠与给予，只留下忏悔与祈福。

措美峰

4920米的高度屹立在甘南的最高处，成为青藏高原上一个不朽的地标。

横跨南北180平方公里，作为甘南第一峰，是众生和神灵仰望的最高点。

我在迭部卡坝乡的古老村寨尼欠远远地眺望，在牦牛驮队的后面紧紧跟随，从海拔2300多米的山谷林地一步步向距此三天行程的目标靠近，向徒步穿越措美峰的挑战极限靠近。

把目光贴近海拔2600米处的废旧木屋，湿润的草泽和腐蚀的朽木混合的气味扑面而来。我环顾四野，满目皆是万壑交错、群峰耸秀，犹如山神的巨臂，横陈在视线以北，企图削弱和打击我穿越措美峰的强大信念。

在海拔3200米处的宁玛草坪与沉闷不语的牛群会合，扎营落座第一天的夜宿地，望着夕晖里闪着铜红色的措美主峰，一种想征服的冲动直逼胸口，狂躁的语言从脑门溢出，来填充我暗自鼓动的勇气。在闪亮的火塘边，盛满青稞酒，有驮队的向导阿旺加措和闹九引吭高歌，旋动的尕巴舞舒展自如，而几个跋涉者在酒歌和夜莺的喧闹中归于沉寂。

翌日，在一阵阵驮队的铜铃声中，遇见清风吹拂山岩的狂发，踮脚聆听溪流和飞瀑的鸣奏。在一个孤寂的垭口，放开手脚，打开镜头，拍下迭山海拔4050米处的最美石洞。攀上迪里尼西山顶，放眼望去，奇峰如笋而立，万木葱茏，雨雾遮暇，乱云飞渡，厚实的积雪在遥远的卡热卡山峰闪烁银白色的光泽。伫立峰顶，俯瞰千里迭山，在红日斜照的群峰和五彩云带上，那状如苍龙巨蟒仰卧天穹的措美峰，此刻在佛光环绕中，让低处绽放的白色杜鹃和苍翠山林成为措美峰脚下的小小点缀，几片矫情的装饰。

在海拔3600米格吾塘草滩露营，几座藏式塌板屋，环形排列在一片藏青稞围绕的草地上。太阳能吸光板下，电茶壶飘出浓郁的酥油茶的香味，牛粪燃起的火塘，迅速煨热探险家搜寻的眸光。一块菜地绿意浓浓，山后有山泉飞泻，转经筒随水而动，一个牧童给迷途受伤的小盘羊喂奶，这正午的阳光刻画的一幕幕，组成自然与人和谐共生的田园美景。

难得享有这宁静中浮动的惬意，是禅意中的知足和放下吗？

在沉思中被驮队的吆喝声惊醒，我跟着牦牛的蹄音快速穿越西里道嘎树林。

4920 米的高度是无法企及和逾越的，我只能在 4100 米的山峰上像野狼和雪豹一样大声地呼啸，不断地向敌人发出警告和威胁。

在一处较为开阔的草坪，四围岩峰耸立，似坐落在一尊佛的掌心，默念对甘南第一峰的颂赞与敬畏。

沿着杂里尕山谷下行，目力所及处已是水草丰美。鹰隼迅疾地调整身姿，像箭镞穿越远处的石门，把展开的翅膀张贴在措美峰的上空。

那潜藏在石隙中的雪莲舒展容颜，在山岚中抖落芳香无数。

三天行程完成，回返途中被那南凿那古冰川遗址猝不及防地拦住去路，就像千年以前英雄格萨尔跃马立斩魔岭之王，遗留下一大堆上古的骸骨和残片，在飒飒作响的风中呜咽和哀鸣。

穿越措美峰，似在探寻一块千年修炼的活化石。

穿越措美峰，似在品读一部万年不朽的演进史。

后北山寨

那是后北山错叠的倒影，在酒盏神秘的气息中晃动着。

那是曲纱神女颤抖的眼泪，在我灵魂的缝隙里莹莹闪亮。

那是吐蕃的后裔们舞动祭祀的声音吗？为何藏寨环鸣，震撼山林？

那是后北山寨，沉浸在巴藏朝水节的祈福里，一直在阳光的静谧里急切地等待。

等一群灵魂潮水般涌来。

这是藏地的一处秘境，在黄昏的酒歌里颤动着悬念。

一个小小的藏寨，盛满朝水节的欢歌和佐瑞远嫁的倾诉，让探寻的目光填满了太多的奢望和遐想。

一个人热忱的眸光，一群人的眸光，巴寨沟的眸光，让我孤傲的灵魂瞬间坍缩。姐妹的朵迪舞旋动古老的传说，兄弟浓烈的青稞老酒里晃动着几座藏寨的月色。

灵魂沉醉，一个人的念想被蝉儿的争吵掏空了。

思绪被夜的幽深和酒的浓香反复折叠，想不起身处何方。

整个藏寨都无法入眠。

晨曦是被石榴树旁的酒歌唱醒的。

赛尔布[1]

我把这个冬天的目光定格在舟曲金色山谷的醉美神韵里。

拒绝喧闹和聒噪，忘记焦虑和欲望，这里只有空蒙山林的静寂和飞瀑的喧响。

推开云雾，前方绝壁袒露出一株株岷柏青翠而坚硬的身躯，有云雀独鸣而过，整个山谷愈发的凄美而苍翠。

友人们在飞速行进的车辙声中惊喜地发出慨叹，一片天外飞来的圣境，上苍的无私馈赠。

神情快速地移动中，前方高处云影舞动，松涛阵阵，似英雄格萨尔行军布阵，征战降服恶魔。那神掌劈开层峦叠嶂，将那魔兽嵌进悬崖峭壁，在绝望中哀号呻吟，从此格萨尔的传说在美丽藏乡久远传承。

而赛尔布最美的容颜透过高耸的云层，把英姿凸显于尘埃，落入神秘奇崛的峡谷。黑峪寺在晨曦中显露真容，经幡摇曳，冬日苍茫中有钟鼓齐鸣，莫不是那土司黄顿珠嘉措从西藏

---

① 赛尔布，藏语，意为金色山谷。

学经荣归，在古老的经院中祈福诵经，护佑一方安宁？

一座寺院与一个土司的命运传奇，在青藏深处演绎一段撼人心魄的故事。

虽然时光之羽已飞越数百年，但赛布喇嘛的弘法仍在《安多政教史》和青藏轶事中，在历史长河中流传深远。

宾马、黑峪、寺上、沈家坝四个藏寨，就像是相互偎依的四兄弟，被宝雪迪神山紧紧拥抱，更宛如四颗璀璨夺目的宝石，镶嵌在藏乡江南的奇美画轴中。把五彩祥云和雄伟山峦捧在舟曲的巨掌上，举过高昂的头颅，呈现给众生仰望的眼神。

远处有牛群把倔强的头颅潜进冬日的苍凉中，友人把思绪和咏叹展现给茂密的丛林，还有路径两侧疯狂舞动的芦苇荡，面对辽阔的金色草泽和野棉花怒放的山岗倾情吟唱。

其实我一直震撼于这横空出世的天地灵物，它更像矗立尘世的天神，用巨掌擎起谪居人间的鬼斧杰作。对这大自然的精灵，人类只有仰望和震颤。

在宾马村的高处，有一座民居，背依宝雪迪神山，眼前浮现赛尔布的经典民歌和古藏文苯教文献的无穷魅力，聆听那些古老的唱腔和非遗之花的绽放，我的思绪穿越几个世纪，远古象雄文字的神奇，在我倏忽停顿中伫立眼前。这藏族历史的活化石，迅速激活我浸满泪水的诗章。

佐瑞和梅朵还在远嫁的路上吗？

为何听不到山前姐妹们相送的罗罗舞和凄婉的民歌声声？

那通向宕昌和岷县的茶马古道上是否还遗留着两姐妹回望的眼神？

在香拉孜山，我把视线转向南部山林。开阔的林草地上，成片金黄的落叶松如伞覆盖，整个山体如同剑戟笔直而立，直逼云霄，更似横排的竹箫，在山岚涌动中随风而鸣，如江河倾覆，声震山岳。

一阵细碎的脚步滑过东南方的林地，眼前豁然开朗。善尕措裸露出娇羞的仙容，随手轻撩高原海子清凉柔美的衣衫，我的倾慕之情瞬间融入澄澈的湖水中，失去踪影。

我随友人寻一斜径而过，尕地塔山突兀地插入我的眼眸。像一座被岁月洗礼过的古塔，在寂静中蕴含哲思。回首望去，一条盘山公路如银链飞动，在乱云飞渡中托起苍烟山岭。

藏乡江南

拥有了整个龙江的倾诉和吟唱就胜过江南了吗？

十万个灵魂在叩问大地。

谁的双手打开了古藏文苯教文献的神盒，让那尘封千年的历史瞬间豁亮。

谁的双脚踩动朵迪的韵律，把藏羌的神话在摆阵的呼唤中复活。

是江南的杏花雨和达玛花的芳香唤醒了格萨尔王白驹暗示的神谕？

还是拉尕山神赐予巴寨朝水节的盛典？

一切猝不及防地呈现，使我凝固的思绪倏忽间灵动如初。

为何眼眸里饱含泪水？

为何我的脚步沉重？

那追思园石碑上的名字撞击着我脆弱的心灵，让人难以忘却舟曲泥石流之殇的，是那翠峰山间回响的鸟鸣，是那龙江波涛间涌动的成吨祈祷。

晨曦中我在泉城老街寻觅藏乡江南的喃喃软语，还有豆花的鲜嫩，蜂蜜的浸润。

侧耳倾听龙江沉吟，细雨霏霏，那缪斯敲击楹联文化古道上温润的联句，还有元宵之夜东山转灯的璀璨和神奇。

杯盏已空，那盛满月光的青稞酒桶，成为归乡游子眼里激荡的情思。

远望龙江两岸，那狭小而悠长的古道，就如同楹联绵长的韵脚，在我咬文嚼字的沉醉中渐行渐远……

舟曲：扶贫路上

这个十月，泉城更像一块冷铁。

哀愁和忧伤交织在一起，在我翻动的日历上浸透疼痛和无助。

站在龙江的呜咽和翠峰的肃哀中，在楹联古街最悠长的地方，透过沉沉的夜幕，我呼唤一个个晶莹透亮的名字。

张小娟，陈文燕，闵江伟，王彦辉，一个个被风雪吹醒的名字。[①]

这个冬天，整个舟曲都被追思和怀念牵动着灵魂。

这个冬天，整个甘南都被感天动地的故事扣动着心弦。

那些曾经鲜活的生命，一次又一次浮现在我仰望的眼睛里，那些曾经璀璨在甘南夜空的星星。

伫立在羚城小街，这个黄昏烟云弥漫，暮雪迷蒙。

满目苍凉中，成片成片的白瓷碎裂，飘曳着众生的哀思。

---

① 2019 年 10 月 7 日，甘肃省甘南州舟曲县扶贫办干部张小娟，县融媒体记者陈文燕、闵江伟、王彦辉在完成工作任务返回途中，因所乘车辆坠入白龙江而不幸遇难，特以此文悼念追思。

最后的身影定格在芳华绽放的瞬间。

那是最后的足音，亮出扶贫最美的光芒。

时光已逝，它凝重的影子在寒夜里凝结成我泪光莹莹的文字。

这个冬天，江河凝固了，山川凝固了。那一张张纯净的脸庞，那些执着的双眼，浮现在挥泪的人群中。四个伟岸与大美堆砌的铜影，不时透过屏幕伫立在我们眼前。他们怀抱着藏乡的美丽画卷，怀抱着扶贫路上的铮铮誓言，跨向生命的尽头！

这个冬天，四个人感动着一座城，我的呼唤被阻隔在尘世之外。

回望城马依旧，小娟不在。

远眺峰迭依旧，文燕不在。

环顾憨班依旧，江伟不在。

仰望坪定依旧，彦辉不在。

这个冬天萧瑟之气湮没了尘世烟云。

透过微光，我看到那些倔强的背影和坚毅的目光，穿越龙江波涛，跋涉翠峰山峦。那些怀揣信念的人，那些怀揣光芒的人，已经走完生命的全部。

这个冬天，我只能拿起笨拙的笔，把那些英灵从生命的尽头唤回，为他们做一次灵魂的祭祀。才思已经干涸，声音已经凝噎。而那铿锵有力的脚步，已涉过每一片被大爱浇灌的泥土。

今夜，我在羚城默念着葵花一样的名字。那金灿灿的，一个个动人魂魄的故事，正通过窗外斑驳的月光，落入我单薄的诗句中，像一片片岁月的吻痕，镶嵌在追忆的文字里，至今占据我灵魂的全部。

拉尕山

征服一座山是需要勇气的，更何况是江南藏乡的第一神山。

众神是为拉尕云海和沉静湖水而惊醒的。

远处苍山青翠，古松风鸣，古老的藏寨在群峰环抱中盛妆呈现。一群跃动身姿的马匹，列队前行的勇士，口念苯教经文的禅师，一瞬间掠过山冈，不知影踪。

似在远古的传说中，众生甚至听到钟鼓和海螺的声音。他们是前去恭迎格萨尔王和珠姆王妃的神秘车队吗？是义无反顾参加出征前震撼山岳的摆阵吗？还是共赴阿让山下巴寨朝水的盛典之约？

随人流驻足拉尕山顶品赏如诗如画的美境，是哪个诗人的精句跃上远望者的嘴唇，“这是绝世的遇见，是我三生三世的仰望”。

云雾缭绕处，光影在晨幕中变幻无穷，蔚蓝的天地相吻，看不清哪里是云中仙居，哪里又是拉尕神秘的角落？

一个人的心灵栖息地，只能厮守一片净地，难道这是我灵魂的皈依？

众生环顾的岷山是横亘在拉尕眼眸里的一柄青铜宝剑，在时光荏苒中滚动身躯，呼风唤雨。云层簇拥的拉尕山，是跌落尘世的一幅静美的藏乡版画。

在夏日最美的午后，我与这临风玉立的灵物邂逅。伫立在拉尕山景区的深处，似在空蒙仙境，倏忽间已遗忘来时的路途。

岷山诗画

像水墨画一样存活在云层上的是岷山吗？

像万千青铜剑器在迭山以外隔空喧嚣的是岷山吗？

当我们在乘车攀行时，霎时为一句时光里飘曳而来的灵动之声沉默。

——岷山是天神抡动的大锤撞碎星辰，遗落尘世的嶙峋残片，被白龙江和岷江养育千年雄起的脊梁，你或他，或者自然的生灵，一块块突兀的骨骼组合的巍峨苍岭，在向世界诉说一段段碰撞的传奇，你们不想倾听那绝世的表白吗？

黄昏时分终于立足岷山之巅，远望群峰高耸入云，铁青色的皮肤上残雪斑驳，似天神敞开隆起的胸脯。风霜和严寒包裹的岷山之眼，在迷茫和沉郁中仰望苍穹，连鹰隼和山鸟都收拢了翅膀，胆怯地屏住呼吸。

邀来孔夫子，请来李太白，挥动如椽之笔，将这万物精华、鬼斧神工的奇迹涂抹上天空、白云、江河、林海的色泽，吟诵成旷世诗篇。

第六辑

洮州札记

吐谷浑

在盛唐唇齿上跋涉的吐谷浑一路豪歌，写下三百多年征战的辉煌历史。

没有人忘记，不会有人忘记血色残阳和男儿顽强抵抗的惨烈身影。

一段哀吟遮不住吐谷浑苍凉迁徙的背影。遥想当年垒土为城，战旗猎猎中嚯嚯作响的兵器，以及整装待发的铁骑，这鲜卑族无畏雄心在大唐雄师的激烈碰撞中销声匿迹。倾听牛头城、洮阳城、洪和城、冶力关隘口战鼓轰鸣、人马冲击、生死拼杀的战事，那古老洮州被撕扯成残破的蝶。

远古的回声隐隐传来，倏忽间心扉伤痛如初。

河流印迹

河流是甘南的血脉，飞雪中跌宕起伏的凝重山峦是大地隆起的脊梁。

岁月蹉跎，多少关注的目光掠过这古老的洮水，它在沉寂中谦逊前行，如一颗颗饱含风霜的泪滴汇聚。

寒意抖动的初春，远望河流沉默不语，它深深牵动的脉系，翻越青甘大地，把汩汩流动的血脉潜藏在莺飞草长和广袤山林之间。

那一片片温润的村庄和大野莽原，在河流的浸润中延续生命，一路豪歌……

洮砚咏叹

一曲洮水，成就了一块灵石的旷世之美。

一段传承，划破唐宋的经纬，把卓尼最美的山水刻画进工匠千年汇聚的梦里。

一块被汗水和狂放的念想浸泡的洮砚，是洮水养育的儿女绘制的隽秀和大美。

当一块块柔润的肌肤，在刻刀的挑动中展开婀娜倩影，那数尺之内舞动的是华夏千年的文明，以及卓尼沙目的英姿，藏王故里的神韵，更是山河的壮美，禅定寺的幽远梵音。

一块沉寂千年的石头，用它精美的纹理和线条诉说着洮砚从苍凉走向今朝的步履蹒跚。

沉入洮水的岩石，在历史滚动的烈焰中石破天惊。

我用一双纤细的手抚摸着一块石头沉重的历史，思绪已飞速地沉入《卓尼县志》厚重的章节中，里面的故事将我单薄的情思卷入那块石头，成为一道炫目的风景。

雪落古城

清晨冒雪爬上村后的高坡，俯身望去，大野里一片肃杀，萧瑟的风时时袭来。

一切生命的迹象都被迷茫的白雾覆盖，让我无法辨清牛头城的神秘面容，那片废墟在狂雪飞舞中显得越发沉寂而苍茫，甚至有点奇寒。

吐谷浑身居高地，垒土为城，饮血踏歌，屯兵大野。

每次梦里都出现牛头城凝重的身影，以及与城密不可分的故事。

吐谷浑意外地从北方腹地撞入洮州大地，这些匆匆的身影在广袤的洮州艰难的扎根。我想那些暗魂可能还厮守着这片故土吧，不然，为何山坡上那毛桃树还迎雪挺立，依然保留着一种倔强的姿态？

吐谷浑深埋内里的精神渗透在每个遗留的残垣断壁中，浸润在每片破瓦和残砖中。细细地咀嚼一番牛头城优美的传说，闻一闻古城废墟上弥漫着的历史气息，也是一种惬意的寻踪。

虽然，时光已倏忽飞逝千年，但我与牛头城的对话打破了时空的束缚。短暂攀谈，哪怕仅是瞬间的交流，我想通过翻捡历史的残章断句来深度思考一下这个谜一样的城带给我的启示。

当我在迷惘中远离故乡，雪已在黄昏里暗淡下来，留在牛头城遗址上的只有我深浅不一的脚印和被寒风吹皱的裸露背影，耳畔又传来我咏叹牛头城的诗句：“苍凉之歌，嘹亮历史的记忆之门。谁是立定城堞的将士和马群，败北的军队，带伤的马匹，消失的箭镞，以及沉落的荣光？”

其实牛头城已失去西晋时期吐谷浑雄居时的神采，遗留下来的也只是片片废墟和废墟上随意散落的瓦砾，以及破败城垣上时暗时明的洞眼，还有那一段段与城有关的古老传说。

沧桑洮州

一片雪花，飞舞了五千多年。

把轻盈的身躯落入洮州古老的胸口，带来上古瓦当和铜器的撞击声。

一场场战事在洮州的额头上刻下狼烟滚滚和旌旗猎猎。

谁的声音还传递着血与火的故事？

谁的行囊还裹挟着唃厮啰的旷世传奇？

谁的脚步还保留着马家窑和寺哇千年迁徙的印痕？

我不想打开上古的历史册页去搜寻人类落入洮州的时光之羽。

更不想费心去翻捡沉入苍烟里的那一丝文明的气息。

眼前赫然伫立的不是一座座墓碑，而是五千多年沉淀给后人的惊叹。

还有什么不沉静的呢？

那些横陈千年的尸骸，足以印证当年的智慧和辉煌。

当我在公元二〇一三年的那个夏天，把僵硬的双脚迈入那片濒临洮水的台地时，我与有着近千座坟墓的墓葬群相遇。眼前的场景令人震撼，形态各异的葬品营造出一种神秘的氛围，我呼吸急促地想这些激烈的战斗，以及惨不忍睹的杀戮场面，空气令人窒息，往事何堪回首。

当一座座墓穴被考古者的目光发掘开来，呈现给世人的本真，就是这文物的掘尘之花依次绽放，随之而来的是深层文明发掘的背后，一页页精彩的历史透过洮水环绕的古城遗址，把最亮丽的故事演绎给那些期盼的眼神和饥渴的心灵。

行走冶海

一幅旷世的绝版古画，在那饱含诗意的峡谷袒露无遗。

一面落满柔情的镜子，倒映着行走前世的冷漠与孤寂。

一张被时光青睐的雾衫，覆盖着甘南腹地最美的一只眼，在云朵的抚摸中妩媚动人。

一块浸润花儿和民谣的碧玉，那最细腻而温婉的情节，在白石山中如莲盛开。

一曲扣人魂魄的乐章，撼动多少访客的心扉。

倾听冶海边民歌嘹亮，那浓郁的乡愁，在民间烟雨中独上心头。

远处似有铿锵之声逼近，莫不是那明将常遇春策马扬鞭，掀开时光之羽，把明初戍边的故事颂扬。

一段秋水跌宕，吹皱多少英豪的悲壮史诗。

洮河岸上

眼前这片开阔的土地，是洮河岸上最富饶的地方。

车过扎古录大桥，洮水在三月的解冻期发出沉闷的嘶吼。

展现在眼眸里的景象是楼层耸立，旧时光里凸现的古老藏寨，已焕发新时代涅槃重生的生机。

我突然想起二十世纪八十年代后期，驻足那时乡愁浓郁的古镇，七八月份野花芬芳，洮水潺潺，正值学子读书时光，清晨携同窗坐船向东，喧闹中靠岸。

登山远望，那洮水环绕中扎古录的美丽藏寨错落有致，炊烟袅袅，云雾缭绕中整个村落如诗如画，如梦如幻。

望满坡毛桃花开，绯红如少女之唇，静坐古松诵读，如登临仙境。

岁月亘古，如今这个离洮河百步之遥的崭新村镇，已换了人间。

远处台地上雅如寺钟鼓之声依然，藏历水虎年的祈福之音弥漫。人们手捻佛珠，转经筒串起的走廊，祥光普照，那饱含沧桑的脸庞裸露着幸福喜悦，煨桑炉中桑烟缥缈。

拾级而上，站在友人高大敞亮的客厅里，我们饮酒欢歌，互道吉祥，那浓香的青稞酒点燃我们的赋诗激情。共话藏乡巨变，脱胎换骨的故乡更像主人盛情捧来的酥油茶，弥漫着格桑花绽放的光芒。

古尔占村

新春伊始，青藏深处祈福之声由远及近，瞬间覆盖我的故乡古尔占村。

雪意融融中面对第一缕冉冉升起的霞光，我沉寂多日的心扉顷刻豁亮，虎啸龙吟，甘南沉浸在节日的欢愉和桑烟袅袅中。

没有昔日的喧闹充塞眼眸，雪域晨曦展现的一片静谧与祥和，让一个执着前行的脚步停驻在故乡牛头城神秘的躯壳上。倏忽间思绪穿越时空，把一个影踪抛进西晋永嘉末年的某个清晨。吐谷浑部族正在这片故土上战旗猎猎，杀伐之声灼痛众生的耳鼓，当年的春节又是何人在哭泣，何人在祈福？

故乡的除夕，少了城市的嘈杂之声，多了乡村浓郁的年味与苍凉的乡愁。老人与孩子迎新年的乡风民俗多日萦绕在脑际，在青藏腹地，我感动于乡情亲情的充沛。

离古尔占村不远的河口，洮水已经凝固，走亲访友的人群踩动洮河的周身，整个洮水都在冰雪下面发出咕咕的立春之声。

在西部古老的藏汉结合部的美丽村寨，聆听与生俱来的乡音，在这个特殊的日子，犹如怀揣鸟儿的翠鸣。

一千多年前的故乡，古尔占这个汉藏门户，可能已充满战火与喧嚣。羌戎氐多民族的变迁融合，北方鲜卑族幕容氏族的入侵，吐蕃等多元文化的碰撞与融合，让一块高地在朔风中茕茕孑立，到如今只遗留下片片残垣。

在这个虎年的春节里，我仰望牛头城遗址，双眼填满一页页厚重而惊心动魄的史诗，让一个孤寂中沉思的灵魂彻夜未眠。

九甸峡

最美的烟云就在最美的季节。

跌落在云翳浮动的九甸峡谷，那景致让平静的洮水顷刻间充满灵异。

沿洮砚大桥东行，中途穿越渭源的几个片区，翻过一个宽大的豁口，九甸峡就像一个山神袒露着胸襟。打开一幅仙界入凡的奇绝画卷，把人间烟雨和几十里辽阔的碧波横亘在千年峡谷之间，偌大的水流创造出九甸峡库区枢纽工程的人间奇迹。

俯瞰高峡平湖如镜，云影和苍岭在洮水下突发神威，似狂飙神骏驰骋升腾，又似鱼龙鳞闪，穿透千里堤岸。浩荡的万千树种在清风逐浪中飒飒作响，一幅甘南洮水丽景图浑然天成。

撑舟离岸，想那浩荡移民队伍，不舍昼夜，横跨东西两千多公里，把一颗颗思恋故土的心安放在河西瓜州，应是甘南移民史上的壮举，那气度与日月同在，与山河比肩……

而留下来的人们穿梭在网厢养鱼的产业水域，新风扑面，幸福之色落满执着划桨的背影。

远望濒临藏巴哇的连绵山峦，那被水淹没的喇嘛崖和有着最美弧线的水泉湾，沉浸在洮河下面的绿石发出拯救的呓语，也不知何年何月会横空出世……

阿玛周措[1]

羊群在牧人的追赶中爬上险峻的白石山脉，山脚下的湖水如一只硕大的眼眸眨动着，睫毛闭合中不断舒展的涟漪划成时光的鳞片，在甘南最美的季节熠熠生辉。

已是深秋，面露沧桑的阿玛周措，在经幡飞动中凝望那一池生命之水。那汉藏传承的千年故事里，我看见明将常遇春策马挥鞭，顷刻间穿越波光粼粼，把马缰一抛，饮马泉边踱步前行，运筹帷幄。

数千米狭长地带，一汪秋水泪光莹莹，有洮州花儿随风而起，那歌谣直逼众人的耳鼓，余音袅袅，挥之不去。

湖畔有马队穿梭，铜铃声声，嘶鸣阵阵，强劲的四蹄，在期待驾驭之人。

抬头仰望，大片大片的鳞状云影，在女神阿玛周措的天空演绎着冶力关的传奇和神话。

远处庙花山顶上羊群和云雀把身影张贴在峡谷巨大的镜

---

① 阿玛周措，藏语，意为母亲湖。

面上，如同生灵被时光嫁接在五彩斑斓的大野上，与古老的历史融为一体，成为尘世记忆的原色。

苍茫林海

置身苍云飞渡、万松耸立的林海时，正值隆冬大雪封道，恍惚中有种绝尘世外的感觉。

想不起驻足这茫茫森林是何年何月，但视觉的震撼是从冶力关苍茫林海开始的。

没有接受那片沧桑纵横的森林的邀请，也没有去赴冶木峡的冰雪之约。

我们从阿尼念卿山脉跋涉而来，饮着康多峡的清泉，唱着美仁草原的酒歌穿越冶木峡，听不见水流淙淙，只有峡谷之巅苍松卧雪，烟云浮动，雾凇银光闪现。

夜风来袭，声震林海，狂雪飞舞，似万千龙虎狼豹，齐声咆哮，又似万马狂飙，杀伐之声顿起，将这苍茫野岭蜕变成人间绝版的尘世水墨画卷。

走进云杉桦林，雪地上动物嬉戏之影掠过，密林深处传来野狐的欢鸣，瞬间想起蒲松龄笔下狐仙临凡，于这幽冥曲径之地演绎一场人间情话。

仰天长啸，只有雪花瓣瓣凋落。环顾四野，似处雪国腹地，忽然想起安徒生的童话。眼神恍惚中，遥远苍岭上，蜿蜒小路鹿鸣呦呦，莫不是白雪公主驾着鹿橇而来？

幻境中雪屋就在前面一块红松围栏的空地上，黄昏里屋内烛光明亮，一群穿着小红袍，戴着小红帽的森林精灵在纵情欢歌。突然虎豹之声由远及近，雪屋瞬间塌陷，小精灵们迅速消失。

我从梦境中惊醒，发现自己躺在一棵倒地的树干上，时间已是午后，太阳从树缝里射来斑驳之光，四周升腾的雪气让灵魂为之颤抖。

大峪沟

双脚落入木耳镇，耳朵已被晨雾中鸟群的翠鸣占领。迎面遇见的河流在弥漫的烟云中水汽升腾，只有淙淙水声从众生的观望中极速汇入洮水，看不清河川纵横的模样。

穿过一片田野，闻到百花飘香，贴近大峪沟峡谷花海，我心荡漾，遐思神往，心灵被眼前的花仙子的极致表演撩拨成一只沉浸在花蕊中的蜜蜂，把神情专注于这满山谷的巨幅美图中。

左侧是秀美奇峰和百尺飞瀑，右侧丛林密布，远处旗布寺钟声悠扬，香巴姆措湖沉静如少女藏幽。左侧群峰耸秀，穿越狭长的沿河栈道，前面豁然开阔，巨石如灵猴张嘴一声呼喊，惊醒熟睡的山林和牧场边围着槛栏的食草神。

右侧目光已遇见大峪沟最美的细节，手持御令的格萨尔王发给噶玛洛部落的三支神箭，它们坚守密令，伫立藏乡千年，岿然不动，神威之气直贯云霄。

驻足大峪沟景区连绵起伏的山巅，桑布沟、阿角大沟、巴什沟、涅座沟等九条金色山谷在觉乃的核心如一把彩扇舒展开来。在金秋时节，那九幅怦然心动的人间画卷，深深地把身躯镌刻在十万公顷的巨大扇面上，顷刻间震撼众多关注的眼神。

甘布塘村

一个古老的村落就在天亮前躲进一片油菜花金黄的色彩与绿色燕麦簇拥的万瓣缤纷中。有鱼鳞状的大片云雾曼妙散开。在大路什山冈下的褶皱里安睡的甘布塘村，在云影和杨柳的荫庇下被一簇簇浓香四溢的马兰和红嘴鸦迅速地叫醒了。

天色极速暗沉，天地靛青色的连接把甘布塘村植入乡愁弥漫的田园世界，发现这一景观的那只云雀屏住呼吸，不敢大声地抒情。

正午时分，云影飘散，湛蓝的天空下，一个古藏寨寂静地安卧在一把巨大的扇面上，独自慨叹。

大地梦幻般的幕布上赫然而立的甘布塘村，水彩画里浸润后饱含深情的甘布塘村，我把它从童年时代的库存里拣出，穿透时空，在今年夏季的一个午后把有关它的乡村记忆擦亮。

车巴河

一条古老的河流从明初的时光里踏歌而来，满载两岸的绝世美景和藏寨的变迁，迅疾地汇入苍烟洮水。

数次与之相遇，皆因赴帮扶村的原因。

逆流而上，巨大的轰鸣声把我从梦乡中惊醒。伴随我逆行的河流，清澈而澄明，弛缓有度，像一位隔世的哲人。

从扎古录镇出发，驱车穿越车巴沟的刀告和尼巴两乡镇，把目光聚集到车巴河的源头。两条溪流奋不顾身，义无反顾的汇合奔涌向前，把探源的我们远远地抛在身后。

在江车村的河道旁，在百年藏寨尼巴村，还是在龙多村和盘桥村，我整天目睹这条河的曲折回环，闭上眼眸也能感觉到这条不离不弃的河流。

百年藏寨

在一条朦胧的公路上行进，一切都被云雾覆盖了。

车子在冰冷的隆冬直插车巴沟的心坎上。

没有人吱声，更没有人大口地呼吸，难道大伙儿也觉得窒息了吗？

眼前浮现的云雾阻挡了前行的车道，打开窗户，一股凛冽的风穿胸而过，瞬间僵硬了所有人的嘴巴和脑袋，只有一道道惊愕的目光死死地盯着前方。

不久之后，云雾被亮光推散，两边山林里唱歌的野鸡和不知名，也不怕人的头冠发红的灵鸟拼命鸣叫，似在警示前方的同类，有人类冒失地侵入了它们的领地。

晨曦来临时，贡巴寺悠长的钟声响彻车巴河两岸，邂逅百年藏寨的时刻快要到了。

车子继续跳跃着身子爬行，云雀的翠鸣和牛羊的哞咩声由远及近，先前沉默的一群人开始唠叨起来，像扎堆的鹰隼，疯狂宣示着个人的存在。

云雾没有彻底消失，阳光没有露脸，寒流阵阵。一个大弯转过后眼前一下开阔，视野里车巴河的两岸都是藏寨，但泾渭分明。左边美如仙地，右边如古拙沧桑的百年版画，坚硬地镶嵌在车巴沟尼巴村的一块台地的褶皱里，在晨雾里透出一丝丝神秘的气息。

那就是一片百年历史的见证，外不见木，内不见土的尼巴古村连绵数里，不亢不卑地存在着。那些考古专家们迅速地穿梭其间，也不问是否能语言交流，一个个踪影全无，消失在百年藏寨的历史中。

仰望天穹，黑云合拢而来，顷刻间风云突变，狂雪飞舞。那藏寨像一条脸色铁青的硬汉，在这深冬的车巴沟伫立着。一切沉寂如初，好像没有被打扰过。

偶有三五成群的老阿妈携着小孩经过，藏袍裹得严实，只有一双双饱经沧桑而深邃的眼睛一直盯着你，透露出慈祥和善意。

那些保持百年不变的藏寨，就是车巴河沿岸藏人迁徙历史的活化石，一个饱尝岁月磨砺的见证物。

洮河走笔

认识一条河流是需要用一生的时间去经受拷量的。

当洮水在我走过的地方频频闪亮的时候，心扉就豁然开朗。

胸襟被顷刻打开，敞亮的清风吹拂洮河两岸被岁月侵蚀和磨砺的风景，还有岸上生存着的生灵。

在洮水的上游，碌曲草原与青海接壤的地方，随处涌动着大小不一的海子，以及周边密布的林草，像一个巨人密织的血管和浓稠的毛发，还原了一条河流的初心和使命。

一条河流的存在孕育和壮大了另一条更大的河流，一条足够养育一个国家和民族的母亲河。

每当解冻的声音从上游开始轰鸣，我伫立在中游的一个板块上。出我家乡四十里地的牙吾河口，成吨的冰块随着春风劲吹，瞬间就蜕变成宽阔而银光闪烁的长河，在如血落日中拉开盛大而壮阔的帷幕。

一条河流如婴孩坠落，在千里旅途中把自己锤炼得威猛和雄浑，用时光里最美的部分把壮美之河演绎成气度不凡的歌吟者，不舍昼夜地奔跑在命运的路途上，永不回头。

华尔干山

推开车巴沟弥漫的云雾，我把视线伸向一片神秘的山谷。

沿着洛克探寻之路，车子穿越尼巴藏寨，脑海里反复呈现民国烟云里那场杨土司与约瑟夫.洛克的历史邂逅，打开了美籍奥地利人探寻青藏高原的窗口。

远处，山林和河水蜿蜒而去，盛夏车巴风光的旖旎和钟秀，远胜大漠孤烟。孩子们把稚嫩的眼睛探向那一条幽静而深邃的峡谷地带。

车门打开的瞬间，清风吹动，衣衫顷刻飘飞，如同我们灵魂的双翅，倏忽便把那辽阔的草场和汩汩响动的泉水尽收眼底。

把灵性之水和嶙峋耸立的巨峰捧在手掌，放在澄明的心扉上。小心翼翼地走动着，不想产生丝毫的声响，生怕惊醒那遗落尘埃的神灵。

眼前豁亮，不远处华尔干神山突兀地逼近眼眸，那挺拔嶙峋的身躯直插云霄，像数道格萨尔王出阵的令牌，赫然伫立在众生的灵魂深处，让众神都屏住呼吸，微闭双眼。面对巍峨和奇绝，刹那间收拢傲慢和轻狂，只表现人类的善念和虔诚。

攀岩而上，与神灵一起游弋，俯瞰群山连绵如苍龙起伏。在青藏的东部边缘地带，在车巴沟与扎尕那的交错地带，吹响人类探秘的集结号。

飓风骤起，这人间秘境，在经幡飘曳中，把诗吟者对华尔干神山的赞美和嗟叹，描述成几只鹰隼的歌吟，以及牛羊、马匹、蓝马鸡、云雀和雪豹们在山冈中的呐喊。

云层压得很低，伸手就可以轻柔地抚摸，如同偶遇一场大梦。那五彩斑斓的花谷，暗香浮动的五彩云裳，似置身仙界，耳畔回响着一个漫游者的行吟。

——站在华尔干神山的脚下，一切讴歌都显得肤浅、渺小而苍白无力，唯有自然的造化在时刻绽开和释放强大的魅力。

扎古录

依偎着洮河生存的一个古镇，在群山环抱中露出一丝丝坚硬的锋芒。

地处洮州与叠州的三岔口上，依旧能听到二十世纪藏地最淳朴的民谣，或者原始醉人的拉伊。谁在春夏之间吹响灵动的口哨，是这个季节深处最丰盈而迷人的收获吗？没有人回应一个旅人在旅途上的探问。

远眺南边洮水闪着鱼鳞的光泽，沉静地向前涌动，听不到水鸟和鱼群的迁徙。那成片成片的芦苇荡没过野蒿纤细的腰身，像麦浪一样疯狂地摇曳着，似乎在预谋掀起一场扎古录村落边上的白色风暴。

村子右侧紧紧拥抱的山林，此时风声鹤唳，排山倒海的声浪迅疾地张开嘴巴，想吞噬这方独具魅力的藏乡美景。

把触角伸向南边峡谷田园簇拥的农庄，那是另一番锦绣山河。向北逆流而上，在松涛涌动中将目光跌落浩瀚无垠的森林。远望雪峰银白，将自己融化在山水画卷，沉迷不归。

光盖山

记忆中不止一次穿越过光盖山麓，沿着它的脊梁踯躅而行。无论季节如何变化，从不畏惧大山的崎岖与凶险。

站在尼巴与江乾两村的中间，一条并不开阔的道路直插光盖山脚下，让人感到有些惊恐和不安。认识一座山是从脚下的路开始的。也许有人会问，爬那样一座高耸入云的山有什么意义？穿过光盖山还有多少危险玄机？

带着疑问和困惑，我的目光更加坚如磐石，一种强烈的探求和征服的欲望油然而生。车子盘旋而上，在云层中来回穿梭爬行，俯视山林中满目柏树伫立如排箫，齐刷刷如将士出阵，在松涛狂啸中站稳脚跟，伺机而动。

在海拔三千三百多米，我谛听涅甘达洼神灵的呼唤，踩踏着山石堆砌的山路，横观左右山脊，奇石密布，层峦叠嶂。放眼远望，不远的高处一堆堆玛尼石赫然隆起，飓风再次发出狂啸，鼓胀的经幡冲天飞动，成片的经卷被风的喉咙诵读，震撼心灵的同时想冲动地对喀斯特地貌的鬼斧神工狂放呐喊！

铺展在眼前的便是世界罕见的第四世纪冰川遗址，天神将这一神迹抛落尘世，望人类惊奇的目光与这石镜山灰白色的奇峰和与之交相辉映的巨大沟壑相遇。伫立山巅远眺，形态各异的百里石峰在厚积雪云的烘托中顿生浩渺烟波，银色峰峦在皑皑白雪衬映中熠熠生辉，恢宏壮观。仰望遥远的主峰九天门，犹如巨龙张开大嘴，吞吐着皓月与夕晖。

与扎尕那牵手而动的光盖山，在夜风吹动中，伸出神秘的巨掌，接纳银河星落，晨昏交替。

龙多晨图

与龙多村的相识是一个缘分。

几年前走近道翻越光盖山，贴近洛克探寻之路，感受青藏东南边缘的喀斯特风貌，跨越第四纪冰川遗址，把目光聚焦到扎尕那。穿越盘桥的一段树林，刀告乡的龙多村就像雪豹静卧在车巴沟咆哮的河谷，终生厮守它膝下的六个儿女，不离不弃。而我前进的行程绕不开这块令人着迷的土地，在翠柏掩映中流露出文明小康村的阳光与精美。

我第一眼见到龙多村时，它隐藏在晨光云雾中，一种神秘与奇幻的感觉遍布周身。会是一个怎样的古村落，让我数次留下难忘的足迹？

去年的初春，雪封古道，我沿着江迭古道驱车前行。洮河像一只冰冻的古船，不分远近地承载着牛羊马匹和清晨的霞光。扎古录就横亘在眼前，冰滑的路面考验着每一个前行的脚步。在忐忑不安中穿过街道，向车巴沟纵深处推进，百鸟合欢之声与鸡鸣、狗吠声混合交织，像莫扎特的三声部合奏，瞬间让人热血沸腾。忽有少女仁青草的情歌在山冈上悠扬婉转，顿处天籁之音的心域，魂灵随那嘹亮的妙音飘向远方。

拨开云雾，方见一排排种植狼肚菌的大棚整齐排列，透露出产业的勃勃生机。旁边温棚养畜，出栏的牛羊及猪鸡装车运走，致富的希望之光正冉冉升起。一群晨学的孩童步入崭新的校园，琅琅书声如汩汩流水滋润学子渴求的眼神。

与兄弟索南东珠、扎西才让蹲着畅谈壬寅年的计划，与乡村的同仁穿行在田埂上，呵着寒气，搓着冻僵的双手笑呵呵地传递善意之光。我们肩拼着肩，手握着手，敞开胸口接纳第一缕温暖的阳光。

龙多村，一个落满祥光的藏寨，一个让人神往的青藏秘境，把众生的心愿绾成吉祥结挂在村寨噗噗跳动的心口上。

康多峡

远望幽深曲径，康多峡掩藏在云海中。把众生的探寻之梦，在细雨蒙蒙中极力拉长。

穿过美仁的胸膛，目光穿峡而过，两侧树木耸立，如千万将士列装出阵，身披五彩斑斓的甲胄，在流水淙淙与山风呼啸中，发出铿锵誓言。整个峡谷云深雾锁，不见森林草木，只闻自然王国的生灵的吟唱，一片鸟语的协奏曲，名副其实的鸟群的天堂。

认识康多，是从书本开始的，平均海拔 2000 多米，境内康多、多玛两座寺院闻名遐迩，距今已四五百年，历史悠久。

旭日东升，云蒸霞蔚，康多峡面目初露，道路两侧是悬崖峭壁，松涛阵阵，桦树叶红似血，整个山峦叠翠，如梦如幻，如诗如画。呵，真是一幅江河壮美图！

似前世的约定，或是今世的夙愿，时光之辙推送我步入澄明世界，一片大光明、大气场的灵魂栖息地。沉浸其中，似置身尘埃之外，在空蒙气流中自由呼吸，狂放而歌，瞬间邀来怀素狂放挥毫，谢灵运登高沉吟。偌大一片山水田园绝境，承载这场属于一群缪斯的盛宴。

一阵牛羊的哞咩之声，将我漫游的神经唤醒，伫立在群山之巅，看多玛村在四山环抱中幸福地抖动身子，把晨光中最美的容颜呈现给众生。

庙花山

一面是八角花谷的乐园，另一面是大美冶海。

一条山脉如大鹏展翅，左侧的翅羽上闪烁着一只美眸，右侧的翅羽上成长着乡村美景和十里花海。

谁揭开了冶力关神秘诱人的故事，那阵阵波涛驱动游船飞速前行，把时光的飞链从明初的风烟中撩起，在民国的传奇中咏叹，孕育成新时代民歌的鲜活与舒展。

是天神的巨掌划出的一道灵光幻化成水，还是阿玛周措女神的玉泪汇聚？一切都在白石山与庙花山的交错处神秘的呈现，灵动之水以柔美之躯勾勒冶力关的千年画卷和八角十里花谷的千姿百态。诗人北乔慨叹——

冬天凝固了太多的激情\群山都迈入了苍茫\冶海的水，冷峻的书写\把有关河流的暗语呈现在图案里。（诗《冬天的冶海》节选）

沿一条山脉的脊梁徘徊在西部最美的景区，远望汩汩流淌的冶木河，像一位怀旧的人，在微风细雨中时冲时缓，时鸣时静。又似婴儿的啼哭，少妇的幽怨，甚至是老者的沉吟，似乎完全把这条亘古的河流用源源不断的历史和传说打造成一册不再沉睡的经卷。

作家王小忠如此吟唱冶木河——

黑夜和黎明的上空\谁的呼唤叫醒了我\大地之上的冶木河呵\是你滋养我的苦难和幸福。（诗《冶木河》节选）

穿越冶木峡，穿越牙扎坎，把整个身心交付给这满山谷的金黄，葵花或薰衣草散发一阵阵幽香，一群缪斯的儿女奔跑在一簇簇牵牛花的芬芳和金盏之菊傲世的站立中，或放声飞歌，或喃喃低诉，或寻声探秘，或穿林攀岩。远离尘嚣，做一粒心灵干净、一尘不染的种子或者一朵素洁的马兰。

庙花山高处的村落，在烟云飞渡中抬高身段，一半沁润在幸福时光的辉映中，一半掩藏在云山苍岭中，这西部最美的乡村，静悄悄地守住一方的宁静与神奇。

池沟村

一直是天池冶海滋养着这个古老村寨的今夕，养在深闺待发掘的宝地。

作家陈涛如此描述：

池沟村在群山之中，流水穿村。河两岸的山峦重又变回土黄色，积雪消融后，一副郁郁寡欢的模样，河边的树今日格外好看，其中一棵，孤零零地立在河道里，枝条顽强地刺向天空，是不屈的倔强，突然让我有一种莫名的感动。（节选自《在群山之间》）

诗人北乔行吟：

树下 / 我看到阳光的声音 / 水边 / 我听见水草的愉悦 / 指间的香烟 / 被寂静的时光打湿。（诗《山中小镇的时光》节选）

记忆深处，那一汪清澈见底的泉水，是从冶海的脚下涌出来的，是明将常遇春的马饮出来的，是白石山下的传说带出来的，是自然的生成还是人类的杰作？我们在探源的过程中不断搜寻最贴切的词语。

中国作协的帮扶力度，让西部深处、青藏东部边缘的冶力关成为作家诗人关注的焦点，系列采风活动带动着中国文学的聚焦高度和热度，文学的光芒照亮了甘南临潭，也照亮了地处冶力关景区北部的池沟村。北乔、陈涛、王志祥、翟民、崔沁峰、王栋，一批批文学的忠实践行者，把身心和热血交给这片拥有古老文明的洮州大地，交给这片高天厚土上朴实敦厚的人民。

远眺池沟村，被一片古杨的绿荫裹挟着，依偎在巍峨的白石山下，被五彩田园的桑烟环抱着，对接高山水草丰美的牧场。在鸟群与牛羊合奏的交响曲中，背靠温暖的阳光，聆听两叶儿令的洮州花儿，把思绪推向群山之巅、冶木峡谷、林壑松风和农家庭院，一股清明祥和之气油然而生。

夜幕降临，精美的冶力关小镇中掩藏着别致精巧的关驿，庭院深深，茂林秀石，琴声悠扬，灯火通明中有旅客或凭栏远眺，或书墨酣畅，或吟诗作赋，或静思深读，别有一番江南园林与高原民俗相融的独特韵味，牵引着众人前行的脚步。

恰皓月当空，才子佳人幽会，绝景难觅。夜深人静，嘈杂之声顿消，池沟村旁水流潺潺，月光一泻十里，应是另一番超然物外的境界。

临潭：拔河兮

旧城民有拔河之戏，用长绳一条连小绳数十，千百人挽两头，分朋牵扯之。以为扯势之胜负，即以占年岁之丰歉焉。

——《洮州厅志》

一

那带着泥土味的声音，犹如一阵阵狂涛席卷整个洮州，令拥有六百多年历史的古城在元宵瞬间出彩。

穿越时光隧道，我把目光定格在明初的古洮州。正月元宵夜景在寻觅的眼眸里时隐时现，不停地闪烁。行走在青石板堆砌的旧城古街上，犹如鱼儿在人群中来回穿梭，一条巨龙突然在古街的十字路口腾跃而起，令渴盼的眼神震颤，这洮州最耀眼的奇观与我探寻的身影戛然相遇……

时光回溯，六百多年的历史在回眸中迅疾地嵌入脑海。在初春的和风吹动中，我推开临潭县图书馆的大门，一种寂静的书香径直扑面而来，令我瘦弱的身影在亮光中忐忑不安。我径直来到古籍书架，几叠厚重的线装书吸引了我的眼球。《洮州厅志》（康熙版、乾隆版、光绪版、民国版）一如铺开的远古锦缎，已被岁月尘埃浸染，而洮州万人扯绳的浩大和壮美，已洞穿众生守望的目光。

二

在春寒料峭中伫立良久，随手打开《洮州厅志》，就如同揭开千年沉甸甸的洮州史。清晨的雪花从窗棂涌来，跌落在我清凉浮动的脸颊上，就如同此刻跌宕起伏的心情。

我修长的手指飞快地翻动着细薄的纸张，就像翻捡明初那些辉煌的战事和与战事有关的传奇。军中教战游戏演变而来的拔河游戏，已在旧时光的巨辙上滚过六百多年。一段文字被打上时光的烙印，至今在眼前晃动：华灯初上，明月东升，数万人挽绳分南北扯起，齐声呐喊，声震山岳，状如蛟龙出海，上下跃动。如此生动之描述，只有在古籍中生发出洮州人友爱、团结、粗犷、执着、豪放的浓郁乡愁。

三

那惊世的皇皇大观，在我的冥想中摇动身躯，呼啸而来。

那万人聚首的壮美画卷，透过儿时萌动的记忆，在我的脑海中左右跳动。

父亲那宽大而温暖的手掌呵护着我，小跑的脚步轻盈地踏入上元节围拢的古城。

万人扯绳是奇迹中的奇迹，凝心聚力的集结号在西部大地骤然响起，团结与友爱在众人的手上强烈地融合，一曲豪迈的拔河兮传唱近千年，历久弥新。

那气势恢宏的巨大场景被放置在新时代的一轮满月下，那是何等震撼的荣光。

元宵之夜，那千万人的心交织在一起，面对沉沉八吨钢铁拧成的巨绳，人们都把目光汇聚在这一千多米的巨龙身上。这旷世的奇迹，这力拔山兮气盖世的威猛盛况，在数百年辉煌历史长卷上表达自如。

四

只有震惊和慨叹是不够的。

我必须剖开明时古洮州的脉络，去了解那军中教战游戏的来龙去脉。

上马为军，下马为民，屯田边野。远望明初的江淮，唯有茉莉花的香味跨过万里疆土，把根深扎进洮州苍凉的民谣中，而峥嵘的岁月在悠长的时间之河中凝固成拔河的丰碑。

我在寂静的夜晚，推开故乡的大门，聆听东明山上浑厚的钟声，如波光般荡漾开来。而《明史》在案几上被夜风反复翻动，沐英、李文忠、金朝兴、敏大庸等，一串串鲜活的名字闪现眼前，那洮州卫城的故事连同拔河游戏，迅疾地抢占今夜我沉思的脑海。

五

二十世纪九十年代中期的一个正月，我与友人在他旧城的家中饮酒吟诗。月光透过窗玻璃，把银辉洒到桌面上，落入我举起的酒盏里，望着婵娟在杯中飘曳，我的思绪跨过时光之栅，在北宋谪居儋州的东坡的词句中漫游。

忽然之间，窗外一片人声鼎沸，吆喝声起。

我的脑中美景瞬间破灭，俯身望去，大街上数万人紧紧偎依，已连成长河奇观。

思索间，已有两人跃进钢缆绳的中央，分别指挥南北人群反向扯绳。无论男女，无论民族，刹那间走上力的巅峰，正是山高人为峰，呐喊声犹如狂潮，席卷了整个古街。站在小阁楼的顶端，脚下在抖动，小小阁楼似乎就要在顷刻间坍塌。

那滚动的人流，浪涛汹涌，整个古城已融化成一条腾空飞舞的巨龙，把这“人心齐，泰山移”的偌大画轴永恒地镶嵌在历史长河中，熠熠生辉，璀璨夺目。

第七辑

羚城抒怀

羚的传说

远处没有羚的身影，只有羚的呼唤。

这个冬天，伫立在青藏高原的特色小城，湮没在暗雪的悄无声息中。

一个人，在黑错寺的周身把虔诚的心思萦绕，是千年修行的尊者米拉日巴？

目光触摸着伸向远方的神秘影踪，一切有关羚城的传说在南木特藏戏打开的情节中迅疾地匿迹，没有人热衷于去探寻它的前世今生。

格河和洮河是两条穿过或环绕羚之城的血脉，把欢乐和怨恨浸透那仰望的众神。

小城随记

远处的雪像一场久违的盟约不请自来。

在我居住的小小羚城，收住它轻柔的脚步。

一切都恍如做梦，让人措手不及。

青藏的冬季，神灵都隐没在大野抒情的声音里。

众生的思绪都凝固成迎面飞舞的雪花，不经意间就触伤了你的心。

我放慢脚步，在晨曦的雪光里绕过一排排转经筒，把目光落在黑错寺僧人祈福的诵经声中，眼神无法抹去那些匍匐祈祷的身影。

有些人把甘南歌颂成众神的天堂，灵魂的府邸；有些人把甘南描绘成绝世的画卷，人间的净土；而我，一个捕捉灵感的人，面对独自寂寞的当周神山，把甘南的雪描述成一次次的祈福。

阳光初照，小城静谧。

漫步通钦街头，远望九层佛阁璀璨的光影，抱着灵动的文字，怀着急迫的心，我把心思交给仰望中的鸟群。

这是青藏最深处的一缕雪光，牵引着我单薄的灵魂执着前行。

羚的故事

羚城的心跳漫过依毛梁，把雪域的声音传向远方。

一段羚羊奔袭草原的声音，从当周神山云朵般飘向折合玛村背后的山冈上，让远行的人都驻足怅望。

还有谁不懂得羚群的呻吟呢？那空旷的原野只有它们在适时欢歌，把月光揽入怀饱，在静谧中分享人类奉献给羚城的诗章。

也许千年以前，羚是一种生命的瞬间悸动。

也许千年以后，羚是一种生命的归宿。

羚城华灯初上，流光溢彩中那锅庄舞曲，撩动人们优美的舞姿，鼓动远足者随歌而舞，面对如此壮美的图画，人类竖起耳朵，倾听羚群踩动甘南的声音。

雪落塬上

轻触那片衣衫，只隔着一缕雾色的清凉。

今夜我在羚城，只守望一丛冷漠的树挂，心灵的沉闷被一阵阵雪意掠净。

与窗前深浅不一的脚印对视，我的眼眸挤满小城的影子。

环顾塬上的雪野，那绵软的暖意都躲进了雪蕊的深层，唯有少年的追逐和嬉戏呈现。

面对如此辽阔的凄美，我失却了内心的静寂。

生灵的吟唱在狂雪面前虽显得有些单薄，但鸟群与雪共舞，其实是在完成一种美丽的蜕变。

天空依然飘动朴素的花朵，这种美妙的声音至今萦绕在我耳畔。

是谁，让我永久地享受这北方草原呈现的孤独之美。

面对这熟悉的风景，我的视线空蒙一片，就如黄昏后灿烂的笑容在一丝暗红中闪烁，在苍茫中落幕。

独吟雪野，我为这满目的洁净落泪，那些被岁月淡忘但深藏在记忆中的斑斑残痕和阳光下彷徨不定的脚步声若即若离。

当白瓷在天空碎裂成花瓣，让多少的倾诉找到了归宿。

冬天，北方有雪真好。去雪野放牧灵魂，让内心的秘密在风雪的缠绵中迅速燃烧。

守望羚城，守望一群飞鸟善意的目光，守望冷峻的思绪在天穹下随意地表述。

我更像一棵枯草，在默默地等待坚冰划破春梦的日子。

夜的独白

白天与黑夜交替绽放的云朵。

那黑白里透出的孤寂和空旷，打破彻夜未眠的相思之苦。

牧帐外仰天长啸的狼群，那些漫长而焦虑的思绪养大的精灵。

纳污藏垢的阴暗角落，那些寒风冷雪中佝偻的魂灵，眨巴着惺忪的眼，在白昼的光影里慵懒地睡去。

黑幕下发出的沉沉低吟，是夜之尽头大地孕育的呼唤。

夜的独白？那撕心裂肺的挣扎，那失落爱存留欲的渴望。那失却光明掩埋呐喊的黑洞。

黑幕中爆发的雷电，那些堆砌在暗夜里的词语。

那些潜藏在灵魂里的声音，只有在黑夜里成长的影子，无休止地蔓延张狂……

初春浅吟

爬上初春的翅膀。

无限贴近那座春天的时光之门。

空气里带着些许清寒和料峭的风，雪域的风景都沾上了泥土的清新和冰破的声音。

遥看空旷苍野，春的信使在孤寂的夜色里忐忑穿行，把4.5万平方公里的雪域都涂满春天的丰盈，广袤的森林和巍峨的群山都竖成奇崛的形态，众兽的目光瞭望远山，雪线在春梦中消失。

有精灵在婀娜的春风中吹醒黎明吗？为何那娇小的身躯在高原隆起的胸口打着一声声口哨，撩拨着尘埃里遗落的片片伤痕？

严冬的秘密已被春的玉指薄情地揭开，裸露出新生命的呐喊，那是众生壬寅年初春的精彩呈现吗？

在这空旷得只剩骨头的缝隙里，瞅着不老的江河和花儿的芬芳，它们的脚步迸出大地的硬壳，一路飞奔而去，如夸父追日。

触摸那片初春的衣衫，我和这清风扑面的季节之间，其实只有一丝雨雪的薄幕。

今夜我伫立在祖国的西部，厮守冷雪在一大片原野中逐渐消融，想象那首曲和桑曲河水涌动的咆哮，会在暮春的挽歌里喷薄而出？

一群灵魂就这样在草原的残雪中沉寂着，与牧帐前深浅不一的脚印对望。

我的眼眸堆满甘南春的身影，哪朵云会放弃与冬日的对话，把塬上的暖风在雪域空旷的山冈上痴情地歌唱。

聆听时远时近的民歌弹唱，我的内心被狂放与敞亮覆盖，春天已失去寂静。

雪塬上风雪吹动着相思，那生灵孤单的影子随河流迅疾地隐遁。

去仲春的时光里放牧自己，让潜藏的念想在风的缠绵中迅疾地升腾。

独坐雪域，执着于对一群飞鸟的怅望。

清晨，牧场，那清凉的遐思在雨雪的朦胧中动情地诉说。

遥望在春风中沐浴的甘南，柔美的雪花在解冻的风铃声中融为春水。

雪域春日的恋歌，晨曦时在安多牧场还在发黄的草叶上舞蹈。

面对春的寄语，自然界的精灵们在鹰隼的翅羽上抒写爱的乐章。

母亲河的光芒里长大的春天，那是甘南草原上一块生命的亮点。

我梦见自己已爬过春的山冈，在夏日凤尾菊、龙胆和马兰的芬芳中快活地绽放着。

勒秀峡谷

一个春梦里出现的场景。

一个响亮的名字萦绕在耳畔。

一个数年未了的心愿。

它们在不同的时令挑战着一个探寻者的耐心。

还没有瞧见探春和迎春花在勒秀峡谷绽放，而我已迫不及待地整装出发了，尽管此时的勒秀冰雪未消，寒意料峭。

车子飞快穿越乡村公路，猝不及防地接受视觉的冲击——洮河从峡谷里一百八十度大转弯奔涌而出，连同两岸冰层的堆积，呼啸着席卷而来，河道中间那宽阔的明镜在扇面上闪烁着波光。

一张拉满的弓就突兀地横陈在迷人的勒秀大峡谷，那成吨的洮水将被弹射而出，去滋润对面半山上炊烟四起的古村落。

洮水从碌曲草原左右奔突，一路欢歌，落入峻美的勒秀。

勒秀峡谷松涛阵阵，雪雾弥漫中云杉、落叶松、柏树、杨柳都裸露出如玉的臂膀，直指苍穹，顿生排山倒海之势。远眺峡谷，风光旖旎，解冻的风铃声不绝于耳，河床在裂开的冰层下发出沉闷的低吼。

谁在时光巨掌的推动下揭开勒秀初春的面纱？

瓦蓝的河面映出云影和鹰眼的凛冽，整个藏地勒秀，被嵌入的命运之河一分两半。

一半是丛林密布，有藏羚羊、野鹿群、熊豹回答雪域动物族群迁徙的密码。

另一半是藏乡田园，阡陌密织，有藏青稞、藜麦、油菜、洋芋、大豆祈福丰盈的粮仓。

勒秀峡谷是羚城边缘的韵律师，绝妙画卷的丹青手，乡风民俗的书写者，四季恋歌的倾诉人。

当周山

清晨时分，我从羚城出发，沿 213 国道快速前行，三十分钟后进入当周景区。初夏的草原草色青青，远处云雾上升，隐约能看见当周神山的轮廓。

能聆听到野鸡、马鸡和云雀的鸣叫，声音是从青铜般的松林里发出的，要想寻声见影绝非易事。漫步在当周林卡边的栈道，云海飘曳中那帐篷城和财神殿似仙界琼楼，如梦如幻。

虽有些疲惫，但当周山巅栈道盘环而上，似龙腾虎跃，云层里透出金色，映射出万道霞光，这美景瞬间震撼登山攀峰的人。

紧跟一群青年人的脚步，我开始觉察到自己的力不从心。爬上一个小山梁，回望远方，羚城已湮没在苍烟中。近处山脊上经幡猎猎，当周沟已成另一番光景，俨然海市蜃楼，只能听到百鸟合唱，牛羊低吟。晨露挂满草丛和树叶，在等待阳光片刻的抚慰。

山顶近在咫尺，双腿已经僵硬，迈不开脚步，而山风浩荡，将我单薄的轻衫吹成呼呼作响的风筝。此刻，云海被晨光疾速地划开口子，一张红彤彤的脸跳跃而出，极速攀上云雾缭绕，在众生仰望的高处收拢脚步，把光明洒向每一粒尘埃和每一条河流。

美仁行吟

探寻的身影终于浮现在佐盖多玛湿地，美仁就是一双碧绿的草甸之眼，牛羊都潜藏于密集草甸隆起的褶皱里，远远地观望着围观它们的人群。

似珍珠镶嵌在鹰飞草长之间，那些在湛蓝的天空下活命的食草神，眼中只有不断凸起的高度和饱满的日子。

与佐盖多玛偎依着的美仁草原，就像一幅精美的油画或一幅透露着浓烈生命力的版画。

美仁在恬静的草色与繁花相映中独放异彩，成片成片的草甸像母亲丰硕的乳房，与远方跟白云相濡以沫的青山形成极度反差。

这就是佐盖多玛湿地独有的风韵，在夏日白色蘑菇般亭亭玉立的帐篷群外，是大自然馈赠给人类的绝版影像。

当江花海

在羚城东南部的佐盖多玛以西的片片草甸深处，沿着合冶公路驾车西行，眼前闪现百米栈道外的一片片金黄色花海，如一大块从天外飞来的幕布，在夏日明媚的阳光下沐浴后，神奇地铺展成多彩霓裳。

在暖风吹拂下，当江就是涅槃重生的花蝶，扑闪着金黄、赭红、瓦蓝色融合的翅膀，如一幅烫印在美仁草原核心的烙画。那画面上有孩子们的嬉戏和喧闹，有身着绛红袈裟低头诵经的僧侣，有鹰鹫的望空喧嚣、云雀的悬空翠鸣，远处山冈上雪豹闪现踪影，更有牧羊人抡起响鞭，牛羊竖起警觉的耳朵，谛听远处越来越近的汽笛声，让人瞬间从遐思中返回现实。

当我误闯入当江花海，心灵为那些满目的千万朵金色花瓣颤动不已，那猎猎飞起的经幡伞可以作证。那清风吹动的摇曳花舞，不正是当江新时代的旋律和大美和谐的晨曲。

香巴拉节

在九色香巴拉最神往的季节，格桑花迎风欢歌的时刻，六十多万甘南儿女举行灵魂盛典。那不是一首歌就能表达的，也不是一段传说就可以倾诉的，更不是一本书可以描写完结的，那是八位儿女激荡甘南大地的盛世赞歌，那是三河一江生命琴弦的深情拨动，那是唐蕃古道上千年历史的倾情表白。

那红旗飘动的马队如闪电，如离弦的神箭，眨眼间驰骋而来。当周神山一片片呐喊声起伏如潮，在羚城最美的景区，呈现旷世杰作，绿色崛起的文明硕鼓在当周草原訇然响彻云霄。新时代的脚步已从游牧岁月快速跨入生态文明的前沿，成千上万双手创造的环境革命，是灵魂的脱胎换骨，是一场沉积的陋习与践行生态文明的碰撞和较量。

雪域之魂，草原之王的嘶吼，古老牦牛成群舞蹈，演绎着一场青藏高原生命的顽强和对自然的抗争。群星献歌，甘南是一根亢奋的神经，在众生的祈福与欢歌中如痴如醉，血管里马蹄的声音响起，万人锅庄像一颗璀璨的明珠，照亮了六十多万人闪着泪光的眼睛。

这是甘南展示给世界的舞之海洋。那融合八瓣格桑的九色香巴拉神韵，在甘南的心脏，被万千双奋进的脚步和万千只藏羚羊的英姿旋转成一波连着一波的层层叠叠的涟漪，在当周裸露的胸口形成万千吐蕊的苏鲁梅朵。那气象万千、光芒四射的花神，霎时间汇聚成欢乐的海洋。

夜的沉重

——悼念曙白老师

壬寅年的夏夜，雨色空蒙而忧郁。

绵延千年的桂花尚未飘香，百年的香樟树依然形影古拙。

在七月下旬杭州寂静的凌晨四时半，一个诗魂如星辰陨落在夜空，带着他一生的真诚和良善，带着他的《穿过雨季》《大野》《夜行列车》和《沉默与智慧》，带着他闪亮而不朽的诗篇和提灯行走的轨迹，和那些温暖而滚烫的文字一起，义无反顾地迈向生命的尽头。

七十三个春秋，恍如一梦，稍纵即逝。

晨曦中，我在遥远的雪域甘南，羚城的核心区，手执一簇白菊，悼念一个诗歌的魂灵，一个心怀大爱的兄长，一个谦逊真挚的诗友。

获悉曙白先生离世，片片哀思顷刻间落满内心，悼念曙白兄的文字雪花般浸润着每一个关注的眼神。甘南草原已是格桑盛开，一江三河的吟唱不舍昼夜，而我的内心浮现出曙白先生那张被岁月磨砺的脸，一张布满沧桑的脸，一双睿智深刻的眼眸，一行行激荡人心的诗句，此刻占据了我灵魂的全部——

那是一位远行人的灯。
他走出那片树林时，
道路在他面前、在星光下蜿蜒伸向远方。
他把他的灯挂在林边的树枝上。
夜色幽暗，一盏随风摇晃的灯，
就让空旷的原野和深陷在暗夜中的树林
生动起来。
就像是一整座果园，
被唯一一颗果实照亮。

——李曙白诗作《灯》

俄合拉

打开九色甘南，步入户外天堂。在羚城的边缘地带，迎着雨雪把目光驻足在合冶公路彩色长廊的风情线上，那镶嵌在幸福时光里的俄合拉，是青藏深处最耀眼的一颗珍珠或玛瑙。

牧云俄合拉是在一片初夏的阳光里展开的。大片大片的雪花与俄合拉藏寨顷刻间邂逅，雾气升腾中我漫步玛尼广场，一切在沉静中刚刚苏醒，畅神的锅庄还没有舞动，沿环形而上的栈道携着云层和雨雪的交织盘桓山巅。低头俯瞰山下的美丽藏寨：平坦整洁的彩色村道，一排排炫目的街灯，一座座精美别致的藏式古建筑。

几扇大门，几座庭院，几叶木窗，组成俄合拉高原腹地的一副色彩绚丽的风景画。

百十牛羊，百里草场，百千云朵，绘就佐盖曼玛一片风灵水动的故乡。

一个被高端民宿和藏家风情打造的最美升级版，被五彩的云霞缭绕成甘南的一块诱人的秘境。

祥云密布的百里草场，焕发着勃勃英姿。残雪覆盖的草色由黄转绿，晨露在泛青的草尖上舞蹈，有鹰隼的身影穿破云层，把身子紧贴在俄合拉的背影里，发出一阵阵呼啸。

光和影的融合，给俄合拉年轻的脸庞平添几分秀色，一座座精美的高原庄园，被装扮和雕刻成青藏东南部绝美的版画，随处弥漫着祥和与幸福的光泽。那一幢幢宽阔敞亮的民宿和藏家乐在游人惊奇的目光中散发藏乡美景。

望着这吉祥福地，有人说它是一块神的留白处，也有人说它是牧云的游弋园。而我由衷地发出慨叹：在天神呵护的领地，聆听天地相接的天籁之音，这里是灵魂栖息的天堂。

加拉尕玛

那是羚城的一双眼眸，在海拔3000米的雪域高原上，在古老而年轻的时光里闪烁着，不时眨动鲜活而生动的光晕。

驱车五公里，在这座小城的边上，鱼儿样穿梭进入合冶公路左侧低矮的小山谷，眼前豁然开朗。一片辽阔的山地上拔地而起的藏式民居与绿树相间，与文化广场的精美画廊相映成趣，远望如同错落有致的阶梯，安放在加拉尕玛的心脏地带。矗立在转经筒长廊旁边的民族团结雕像，那多民族聚力托举的吉祥结，为藏乡增添了几分和谐之美。

在午后的阳光中沐浴，古老而俊美的加拉尕玛，沉静在乡村旅游的幸福与祥和之光中。生态园内红花含苞待放，绿草如茵，古树成荫，吉祥锅庄的旋律优美，众人抡动长袖，雪域藏寨欢歌四起，韵味绵长。

夜幕之下，整个山寨灯火通明，璀璨夺目，在“吉祥加拉、如意央德”的巨型灯光宣传箱下，众人踏着青山脊梁，在观景长廊奔跑欢歌，沉浸在万家灯火、羚城夜宴的静谧与悸动中。倏忽间，我的脑际涌现一个划破长空的诗句。

——羚的故乡，是我终生向往的归宿，鸟群和风雪穿越的瞬间，我便完成今世对羚之街的畅游和赞美。

仰望，星斗如炬

盛夏的羚城被成片成片的杨树和松柏覆盖。

我随手触碰到含苞待放的野玫瑰和紫丁香，那婀娜的身姿从清晨摇曳到黄昏，不给其他的小花草们留有空间。

夜幕降临，我伫立在羚城南面的当周沟。

仰望天空，这是离天空最近的高原，满天星光闪耀。

我沿着栈道攀爬而上，接近山顶，仰望天穹。星斗如炬，把整个银河点缀成星光大道，这尘世无法抵达的璀璨和辉煌。

今夜无眠，我是这群山之巅的精神之王，我与天地对话，我与难眠的精灵们对话。

我想我是穿越了时光隧道，在另一个世界与众生面对。我所看见的山川河流是凝固的，树林和花草是静谧的。

远处的古老村落和牛羊是寂寞的，那在黄河边匆匆赶路的牧人挥动的牧鞭是失声的，甚至牧帐上空的炊烟和鹰隼都是沉默而静止的。

顷刻间，我面对的一切是生命涅槃后的呈现。

我彷徨而悲恸，我把自己沉淀成一粒尘埃，在辽阔的草原上随意飘荡。

牧风创作年表

1. 1987 年：诗作《无题》在《飞天》发表。

2. 1992 年—1995 年：散文诗《村庄沉吟》《首曲黄河》《甘南行吟》《生命风景》等 10 多章在《文艺之窗》《教师报》发表。

3. 1994 年：第 6 期《散文诗》（流派专号）发表散文诗作品《远离西部》。

4. 1995 年：在《甘肃日报》发表散文诗作品《甘南写真》（2 章）；诗作《致爱妻》入选《七彩阳光：1995 年袖珍诗历》（中国矿业大学出版社出版）。

5. 1996 年：9 月，长诗《玛曲草原》在《星星诗刊》第 9 期发表，并荣获由《星星诗刊》和四川郎酒集团主办的“郎酒杯”中国新诗大赛校园新秀奖；12 月散文诗作品《敦煌》荣获首届全国散文诗大赛提名奖。

6. 1997 年：散文诗作品《敦煌》在《散文诗》第 1 期发表；诗作《甘南》（2 首）在《诗神》第 11 期发表，并获“诗神杯”全国诗歌大奖赛校园诗人奖；诗作《遥望甘南》荣获“雪光杯”全国诗歌大赛三等奖。

7. 1998年：散文诗《麦积烟雨》《甘南草原》在《散文诗》第5期发表，12月，以上作品入选邹岳汉主编《中国散文诗精选》（湖南文艺出版社出版）。

8. 1999年：诗作《鹰》《回首》《在纪念册上》等在《诗刊》第5期发表，《诗刊》编委、著名诗人邹静之在编者按中给予评价。

9. 2002年：诗作《玛曲，生命的亮光》《拉卜楞寺的黄昏》入选西北师大百年校庆丛书《灿烂星河·西北师范大学校友诗选》（敦煌文艺出版社出版）。

10. 2003年：1月，《玛曲，生命的亮光》（外一首）在《星星诗刊》第1期下半月刊发表并重点介绍；散文诗作品《站在高原上歌唱》（5章）在《散文诗》第10期发表。

11. 2004年：4月，加入甘肃省作家协会。

12. 2006年：10月，诗作《回首》《写在纪念册上》入选贡卜扎西主编的《甘南藏人爱情诗选》（甘肃文化出版社出版）。

13. 2007年：7月，散文诗《河西行吟》（5章）在《散文诗》第7期发表。

14. 2008年：5月，散文诗集《记忆深处的甘南》由内蒙古人民出版社出版；散文诗作品《落入眼眸的风景》（8章）被《散文诗世界》“每期一星”栏目重点推出；9月，为悼念汶川大地震遇难同胞而作的散文诗《爱在生死间燃烧》（组章）荣获全省民政系统“军民携手，抗震救灾”征文一等奖；10月，加入中外散文诗学会，担任理事。

15. 2009年：8月，应邀参加在吉林长白山举行的中外散文诗学会第二届年会及采风活动；散文诗作品《伫立牛头城遗址》（外一章）在《福建乡土》第5期发表并重点推介；散文诗作品《迭部：红色记忆》荣获庆祝建国60周年“祖国杯”全国散文诗大赛三等奖，并在《散文诗世界》第10期发表；11月，散文诗集《记忆深处的甘南》荣获第五届甘肃省少数民族文学奖；散文诗《写意长白山》（4章）在《散文诗世界》第11期发表。

16. 2010年：8月，诗作《遥望甘南》在《福建乡土》第4期发表并重点推出；9月，散文诗作品《舟曲之殇》（5章）在《散文诗世界》第9期发表；散文诗作品《甘南行吟》在《香港散文诗》第35期发表；散文诗作品《甘南的雪》（4章）在《散文诗》第9期发表；11月下旬，散文诗《写意长白山》（4章）荣获“吉林森工杯”国际散文诗大赛三等奖，应邀参加了广东“台山放歌”中外散文诗名作家散文诗研讨会暨中国长白山“吉林森工杯”国际散文诗大赛颁奖典礼，研讨会上以《来自甘南的声音》为题作了发言，重点介绍了甘南散文诗创作。

17. 2011年：在《福建乡土》第5期发表散文诗组章《玛曲草原》；在《青年文学》7月下半月刊（散文诗作家专号）发表散文诗组章《甘南的雪》；10月，在《散文诗世界》第10期发表散文诗组章《青藏日记》；11月，在《中国诗人》第5卷发表散文诗组章《寻找卓玛》；12月，在《中国诗歌》第12期发表组诗《生活在甘南》，同月，散文诗组章《迭部：红色记忆》入选《品读迭部》（敦煌文艺出版社）。

18. 2012年：《牧风的诗》（3首）发表于《诗林》第6期；在《散文诗世界》第9期发表散文诗《一个人的青藏》（9章）；《遥望甘南》（6首）在《青年作家》第9期发表；《青藏日记》（5首）在《中国诗人》第5卷发表；散文诗《倾听甘南的声音》（4章）在《福建乡土》第6期发表；《牧风的诗》（7首）在《诗歌月刊》第12期发表；散文诗组章《甘南行吟》入选《中国散文诗人作品选（2012年卷）》（中国文联出版社）；散文诗《一个人的青藏》（3章）入选《2012中国年度散文诗》（邹岳汉主编，漓江出版社）。

19. 2013年：在《散文诗》第2期发表散文诗《青藏日记》（9章）；散文诗大家耿林莽在《散文诗》第4期发表评论《甘南草原上的一束繁花》；牧风主编《六个人的青藏——甘南诗人散文诗精选》一书由长江文艺出版社出版，散文诗大家耿林莽先生作序，著名散文诗人邹岳汉、王剑冰、皇泯（冯明德）联袂推荐；《上海诗人》第2期发表组诗《一个人的青藏》；在《散文诗世界》第5期发表作品《行走甘南》（6章）；在香港《橄榄叶》诗报第5期发表作品《高原窗外的小鸟》（外二章）；在《诗潮》第6期发表组诗《诗意甘南》；诗作《遥望甘南》入选安少龙主编《甘南乡土文学导读》（华中师范大学出版社出版），并有编者点评；组诗《遥望甘南》及散文诗组章《九月之菊》（含简介）入编甘南建州60周年历史文化丛书《阳光照亮的羽翼——甘南当代诗歌集》《藏羚羊走过的地方——甘南当代散文精选》两书（均由中国藏学出版社出版）；在《星星诗刊》第8期发表《牧风的诗》（3首）；文艺评论家祁发慧发表评论文章《关于族群信仰和灵魂栖居的诗歌空间——浅析甘南诗人散文诗精选〈六个人的青藏〉》；《灵魂里飞翔的甘南》（5首）入选《星星诗人档案》（四川文艺出版社）。中国现当代文学研究博士、文学评论家高亚斌在《文艺报》发表评论文章《甘南诗歌：六个关键词》，对《六个人的青藏》一书给予高度评价；在《散文诗世界》第11期发表《柏木沟行吟》（3章）；在《中国诗歌》第11期“实力诗人”栏目发表《牧风的诗》（4首）；散文诗《叩你的门》（外一章）入选《爱情宣言·情诗精典》（团结出版社出版）。《三边文学》第5期刊发表南京财经大学新闻学院教授、文学博士、中国散文诗研究中心特聘研究员周根红对散文诗集《六个人的青藏》

的文学评论《甘南藏族诗人的地理书写》。12月底，加入中国少数民族作家学会。散文诗《柏木沟行吟》（3章）入选《中国散文诗2013卷》（中国文联出版社）。

20. 2014年：在《散文诗世界》第2期发表《卓尼行吟》（3章）；在《西部作家》第4期发表散文诗《青藏行吟》（8章）；在《散文诗》第10期发表《时光里飞翔的甘南》（9章）；在《飞天》第7期发表《格桑花开》（外二首）；在《山东文学》第9期下半月刊发《穿越青藏》（4章）；在《散文诗世界》第9期发表《拜水巴寨》（3章）；《作家报》11月30日中国散文诗大展栏目重点推出作品《青藏行吟》（8章）及作者简介。《钟声》（外四首）入选《中国诗歌年鉴2013卷》；散文诗作《捡拾甘南的碎片》（6章）入选《中国散文诗2014卷》（刘虔、夏寒主编）；《牧风散文诗作品》（8章）入选《星星·散文诗人档案2014卷》；《甘南的背影》（3章）入选《中国当代散文诗精选2014卷》；《青藏之上》（4章）入选《中国散文诗人2014卷》；《时光里飞翔的甘南》（组章）入选《2014中国年度散文诗》。《六个人的青藏》一书被中国散文诗研究会列为"2013年中国散文诗排行榜"散文诗集类第2名；散文诗作品《青藏行吟》荣获首届玉龙艺术奖散文诗类二等奖。

21. 2015年：散文诗《捡拾甘南的碎片》（9章）在《散文诗》第2期"特别推荐"栏目重点推出；在《星河》第21

期发表《巴郎鼓舞》（外二首）；《月光下的倾诉》（4章）在《甘肃日报》发表；在《散文诗世界》第3期发表《在青藏腹地》（5章）；散文诗《捧出甘南的心脏》（7章）在《中国诗人》第5卷发表；在《散文诗世界》第4期发表《河西风电之梦》（4章）；在《星星·散文诗》第6期发表作品《落坐在甘南的心脏》（6章）；在《西北军事文学》第6期发表散文诗《高原书》（组章）；《散文诗月刊》第8期“散文诗巡礼·甘肃篇”推出作品《跌落眼眸的风景》（4章）；在《散文诗》第9期发表《呜咽的鹰笛》；《星星·散文诗》第10期发表散文诗《归宿》（3章）；作品《穿越雪域的声音》（组章）发表于《散文诗》第12期；散文诗作品《一碰就响的水》在《中国海洋报》发表。散文诗《一个人的行吟》（4章）入选《中国散文诗2015年卷》（夏寒主编，白山出版社）；作品《河西风电之梦》（4章）入选《2015中国年度作品·散文诗》（邹岳汉主编，现代出版社）；作品《捡拾甘南的碎片》（外一章）入选《2015中国散文诗年选》（王幅明、陈惠琼主编，花城出版社）；作品《大地行吟》（组章）入选《中国散文诗人2015年卷》（汪志鑫主编，团结出版社）；个人创作介绍及作品荣幸入选《中国散文诗10年作品精选》；散文诗《刨出甘南的心脏》（3章）入选《星星诗人档案2015卷》；散文诗作品《穿越雪域的声音》（组章）荣获首届“吉祥甘南”全国散文诗大赛铜奖；7月27日，应邀参加由《散文诗》杂志社、甘南州文联共同举办的“吉祥甘南”第15届全国散文诗笔会暨“第六届中国·散文诗大奖”颁奖会；12月，参加由中国作家协会、中国少数民族作家学会、鲁迅文学院共同举办的第22期中国少数民族作家文学创作培训班。

22. 2016年：《甘南之上》（诗7首）发表于《民族文学》第2期；散文诗《一个人的行吟》（4章）发表于《诗潮》第4期；散文诗《低处的面孔》（4章）发表于《散文诗世界》第6期；作品《牧风散文诗》（2章）发表于《星星·散文诗》第8期；《南宁行吟》（2章）发表于《南宁晚报》；散文诗作品《游走青藏》（9章）发表于《草原》第12期。7月，《聆听黄河》（散文诗2章）荣获“黄河情韵·草原书香”全国原创散文诗歌大赛二等奖；诗歌《心上闪烁的册亨》荣获“册亨杯”世界华文诗歌大赛铜奖。《青藏的吟唱》（散文诗3章）入选《中外散文诗60家》（河南文艺出版社）；作品《月光下的倾诉》入选《中国当代散文诗2015卷》（中国文联出版社）；散文诗《玛曲：呜咽的鹰笛》入选《世界华文散文诗年选2015卷》（花城出版社）；诗歌《桑科》入选《中国当代诗人代表作名录》（白山出版社）；《牧风的诗》入选《2016少数民族诗人诗歌年选》；散文诗《卓尼献词》（5章）入选《中国散文诗2016年卷》（白山出版社）；散文诗《心上闪烁的安龙》

（5章）入选《作家眼中的安龙》（中国财富出版社）；散文诗《苍烟掠过古城》（8章）、《最后的黄昏》（外一首）入选《洮州记忆》（甘肃人民出版社）；作品《仰望阿让山》入选《中国年度优秀散文诗2016卷》（新华出版社）；散文诗《低处的面孔》（2章）入选《中国年度作品·散文诗2016卷》（北京现代出版社）；散文诗《卓尼献词》（3章）入选《中国散文诗年选2016卷》（花城出版社）；作品《青藏旧时光》（组章）入选《星星·诗人档案2016年卷》（四川文艺出版社）；《甘南帖》（散文诗组章）入选《燕京中国精英诗人榜2016年选》（团结出版社）。

23. 2017年：作品《灵魂的独唱》（组章）发表于《星星·散文诗》第3期；作品《亚麻：丝路畅想》（3章）发表于《散文诗世界》第3期。诗歌《巴郎鼓舞》入选《中国2016年度诗歌精选》（梁平主编，四川人民出版社）；作品《明代的阳光》《玛曲：呜咽的鹰笛》《仰望阿让山》《尕布藏寨等你》入选《中国散文诗百年经典》（执行主编王幅明，副主编宓月、晓弦，四川文艺出版社）；作品《捡拾甘南的碎片》（组章）入选《中国百年诗人新诗精选》（夏寒等主编，团结出版社）；《拉桑寺院》（外一章）入选《2017中国散文诗年选》（王幅明、陈惠琼编选，花城出版社）；作品《捡拾甘南的碎片》（组章）荣获第六届甘肃黄河文学奖。

24. 2018年：作品《竖起时光的耳朵》（组章）发表于《星星·散文诗》第2期头条；散文诗作品《在时光的背影里》（7章）发表于《散文诗》第3期；作品《甘南帖》（组诗）发表于《北方文学》第3期；散文诗作品《风雪吹醒的名字》（组章）发表于《山东文学》第5期下半月刊；作品《眉山记》（组章）发表于《星星·散文诗》第8期；《在灵魂的居所里独白》（外一章）发表于《天津诗人》2018夏之卷；作品《水彩画里的东涌》（组章）发表于《散文诗人》（2018年6月30日头条）。散文诗作品《佛陀之门渐次打开》（外一章）入选"中国好散文诗"（2018年7月），散文诗评家潘志远点评。浙江《江南》第5期【非常观察】栏目推出中国14位学者、作家诗人（高建群、徐兆寿、朱又可、郭洪雷、张映姝、北乔、弋舟、卢一萍、邱江宁、叶淑媛、郑润良、刘大先、牧风、董夏青青）围绕"丝绸之路，文学在吗?"的主题讨论，在学界引起较大反响。散文诗作品《博峪行吟》《羚羊记忆》《潭柘寺钟声》《云中的郎木寺》《羚城记忆》《羚羊书》《羚城行吟》《暮光中的眼神》《落坐在故乡的雪野》《九寨离歌》《月光下的倾诉》《夜的眼眸》入选《中国散文诗一百年大系》（王泽群主编，青岛出版社出版）；作品《一路向西》（外一章）入选《新诗百年纪念典藏——全球华人百人诗选》（姚园主编，美国天涯文艺出版社）；诗歌作品《母亲的眼神》《梅朵措的眼眸》入选《中国新诗百年精选》(徐正华主编，百花洲文艺出版社)；散文诗作品《又见敦煌》(外一章)入选《2018 中国年度作品 · 散文诗》(邹岳汉主编，现代出版社)；散文诗作品《水彩画里的东涌》(组章)入选《2018 中国散文诗年选》(王幅明、陈惠琼编选，花城出版社)；散文诗作品《竖起时光的耳朵》入选《2018 年散文诗选粹》(爱斐儿主编，北岳文艺出版社)；散文诗作品《风雪吹醒的名字》入选《2018 年中国散文诗精选》(王剑冰主编，长江文艺出版社)；散文诗作品《行走乌拉盖》(组章)入选《中国散文诗 2017—2018 卷》(夏寒主编，白山出版社)；组诗《甘南之上》入选《中国当代乡愁诗歌精选》(西南大学出版社)。作品《水彩画里的东涌》(组章)荣获由广东散文诗学会、广州市南沙区作家协会、南沙区东涌镇文联、南沙区东涌镇文体中心共同主办的"第四届全国名镇 · 醉美东涌"散文诗全国征文一等奖；作品《眉山记》(7 章)荣获首届"苏东坡杯"全国散文诗大赛优秀奖。6 月 27 日，加入中国作家协会。7 月初，应邀参加内蒙古举行的中国散文诗作家创作联盟成立大会暨中国作家诗人天边草原文学采风活动；9 月下旬，应邀参加贵州赫章中国文化名家"追寻千年夜郎 · 共话精准扶贫"采风活动。

25. 2019 年：散文诗组章《在甘南》发表于《绿风》第 1 期；散文组章《在甘南》发表于《延河》第 2 期下半月刊；

《在甘南捡拾春色》（组章）发表于《天津诗人》第 2 期；作品《甘南八吟》发表于《飞天》第 7 期；《欧拉秀玛》（外一章）发表于《星星·散文诗》第 8 期；9 月，在香港《大公报》发表散文诗组章《风吹甘南》；在《中国汉诗》第 3 期发表《初春浅吟》（2 首）；在《上海诗人》第 4 期发表《乌拉盖，心灵的长短句》（组章）；11 月，在《人民日报·海外版》发表诗作《农事说》（外一首）；在《诗潮》第 12 期发表《风吹甘南》（组章选四）；12 月，在《中国汉诗》第 4 期发诗作《河西行吟》（3 首）。作品《暮光里的眼神》（外一章）入选《中国年度优秀散文诗 2018 卷》（新华出版社）；作品《在灵魂的居所里独白》（外一章）入选《2018 中国散文诗精粹》（四川民族出版社）；散文诗组章《甘南碎片》、诗歌《牧风的诗》（8 首）分别入选《洮州温度——临潭文学 70 年作品选》散文卷、诗歌卷（作家出版社）；7 月，牧风主编、扎西才让和王小忠选编《甘南当代散文精选》《甘南当代诗歌精选》由甘肃民族出版社出版；12 月，散文诗集《青藏旧时光》由河南大学出版社出版。作品《安龙招提》荣获张之洞文学奖诗歌类铜奖；10 月下旬，参加由云南作家协会、迪庆州文联主办的“中国著名作家香格里拉行”文学采风活动。

26. 2020 年：作品《在春天眨眼而过》（外三章）发表于《散文诗世界》第 4 期；作品《雪里游走的魂》（外一章）入

选《中国散文诗人2016卷》(四川民族出版社);作品《吟唱在青藏》(组章)发表于《青岛文学》第4期;诗人潘志远评论《旧时光:豁醒散文诗地域文本蕴藏的多元意义——牧风〈青藏旧时光〉揣读谈片》发表于“中国好散文诗”(2020年4月);《散文诗世界》第5期荐书坊栏目重点推介《青藏旧时光》,并发表黄恩鹏评论:《藏地密码:诗意化的文本呈现》;散文诗作品《迪庆印象》(组章)发表于《香格里拉》2020年春季号;作品《庚子初春记事》(组章)发表于《散文诗》第5期;散文诗作品《玛曲放歌》发表于《香港散文诗》第54期春季卷;诗作《金盏之菊》《草原遇见》发表于《甘肃日报》;8月28日,《作家报》推发牧风散文诗选《临潭:牛头城遗址》《青藏农事》《跳动在版图上的故事》《洞庭湖沉吟》;诗作《牧风的田园牧歌》(组诗)发表于《西藏文学》第5期;散文诗作品《乌拉盖,心灵的长短句》(组章)发表于《甘肃日报》;作家卢七主曼评论:《青藏时光里的行吟与摆渡者——牧风散文诗集〈青藏旧时光〉简论》在中国作家网推发;作家北乔评论:《漫步在高原上的诗意——简评牧风散文诗集〈青藏旧时光〉》发表于《文艺报》;诗人刚杰·索木东评论:《时光漫吟者——牧风散文诗新著〈青藏旧时光〉简评》发表于《甘肃日报》读书·书评栏目;黄恩鹏评论:《简说“本土化”与“地理文本”——以牧风散文诗文本为例》

发表于藏人文化网专题专访栏目；《星星·散文诗》第 12 期文本栏目刊发《陇上笔记》（组章）及创作随笔《散文诗：灵魂的圣境》。诗作《向西行》入选《2019 中国诗歌作品榜》（太白文艺出版社）；作品《行走乌拉盖》（组章）入选《诗和远方—印象乌拉盖》（四川民族出版社）；诗作《雪落远山》入选《中国当代诗人诗选》（浙江工商大学出版社）；作品《欧拉秀玛》（外一章）入选《2019 中国年度作品·散文诗》（现代出版社）；散文诗作品《玛曲行吟》入选《中国年度优秀散文诗 2019 卷》（新华出版社）；散文诗作品《藏乡：一幅江南如意的画卷》入选《2019 中国散文诗年选》（花城出版社）；11 月，诗集《竖起时光的耳朵》由中国文联出版社出版，中国作家网发书讯；12 月，兰州日报全媒体记者华静专访文章：《字里行间顿悟生活哲思——访诗人牧风》，在《兰州日报》文化名人访谈栏目发表。散文诗作品《玛曲放歌》荣获由香港中华文化总会属会香港散文诗学会和国际华文诗人协会主办的“记住乡愁”世界华文散文诗大赛金奖；9 月，第八届中国·白天鹅诗歌奖揭晓，牧风散文诗作品《迪庆印象》（外三章）获散文诗类二等奖；10 月，首届“大湾”散文诗大赛获奖名单揭晓，牧风散文诗集《青藏旧时光》获作品集提名奖。

27. 2021 年：散文诗作品《风雪吹醒的名字》发表于《甘肃日报》；作品《青藏高原札记》发表于《散文诗世界》

第3期；作品《甘南散记》（组章）发表于《星河》（夏季卷）；作品《向一个词语致敬》发表于《甘肃日报》（百花版）；作品《甘南记》（组章节选）发表于《大湾》文学双月刊总第13期；作品《在羚城》（组章）发表于《散文诗》第11期（青年版）；作品《甘南记》（组章节选）发表于《散文诗》第5期；作品《笔走青岛》（组章）发表于《青岛文学》第12期；作品《来自天边的风韵》（组章）发表于《中国财经报》；作品《海雀村》发表于《大地文学》（中国自然资源作家协会主办）第58卷；《大云辞》（组章节选）发表于《星星·散文诗》第7期；《甘南记》（组章节选）发表于《星星·散文诗》第9期；《西塘：烟雨之美》（组章）发表于《星星·散文诗》第12期；作品《高原独吟者》（组章）发表于《福建乡土》2021年第4期；散文诗作品《给持稻者的祷词——致袁隆平》发表于中国诗歌网；《格桑花开》（外一首）发表于《民族文汇》第1期；《甘南：心灵诗抄》（组诗）发表于《延河》2021年第9期下半月刊。作品《牧风的诗》入选《诗坛——2020华语好诗榜》；诗作《情爱词》入选《2020中国诗歌作品榜》（太白文艺出版社）；作品《金城谣》（外一章）入选《2020中国年度散文诗精选》（周庆荣、龚学敏主编，成都时代文艺出版社）；作品《青藏旧时光》（选章）入选《2020中国年度作品·散文诗》（现代出版社）；作品《金城谣》（外一章）入选《中国年度优秀散文诗2020卷》(新华出版社);散文诗作品《在春天眨眼而过》入选《2020中国散文诗年选》(花城出版社);散文诗作品《行走巴拉格宗》入选《中国当代百家散文诗精选》;散文诗作品《水彩画里的东涌》入选《岭南百年散文诗选》(四川民族出版社);作品《迪庆印象》(组章)入选《中国著名作家香格里拉采风作品集》(云南人民出版社);作品《卓尼行吟》(四章)入选《卓尼文化丛书·卓尼情愫卷》(甘肃民族出版社)。评论家崔国发评论:《于青藏“旧时光”中营构灵魂“新境界”——评牧风散文诗集〈青藏旧时光〉》发表于中国作家网;崔国发评论:《在诗意的草原纵情放歌——评牧风散文诗集〈青藏旧时光〉》在《星星·诗歌评论》第10期发表。4月,应邀参加“最美中国·云上甜蜜”全国著名散文诗人浙江嘉善大云采风活动;9月,应邀参加中国农民丰收节诗歌大会暨中国·罗江诗歌节开幕及研讨采风活动;9月中旬,作为主办方主持“青藏之窗,雪域羚城”全国散文诗大赛颁奖暨第20届全国散文诗笔会启动仪式;10月中旬,作为主办方主持“魅力临潭,生态家园”全国诗歌大赛颁奖暨著名诗人甘南行采风活动启动仪式;12月,散文诗作品《西塘:烟雨之美》(组章)荣获第五届“恋恋西塘”全球诗歌大赛三等奖。

28. 2022年:作品《甘南记》(组章节选)在《大湾》文

学双月刊第1期发表；散文诗作品《甘南记》(节选)在《上海诗人》第1期发表；作品《笔走青岛》(组章节选)在《散文诗世界》第2期发表；3月，作家马桂珍评论:《甘南大地上清亮的笛音——作家牧风散文诗创作印象》在中国作家网发表；中国作家网发表作家张志强评论:《苍茫的时空复调与审美镜像——读牧风诗集〈竖起时光的耳朵〉》；4月，《兰州晚报》推发散文诗作品《甘南笔记》(组章)；散文诗作品《甘南：倾诉者》(组章)发表于《诗渡》第5期；6月，《站在草原的心脏》(组章)发表于《诗空间报》第6期；散文诗作品《穿越迭部》(外一章)发表于《诗刊》第7期下半月刊；诗作《甘南：独吟者》(组诗)发表于《星星·诗歌原创》第7期；作品《甘南之歌》(组章)在《散文诗》第7期发表；作品《甘南笔记》(组章)在《中国诗人》第3期发表；作家赵芝评牧风文章:《竖起时光的耳朵：用心倾听时光的脚步》在中国作家网发表；作品《甘南笔记》(组章)发表于《星星·散文诗》第8期；组章《甘南笔记》发表于中国作家网；作品《甘南：独自浅吟》(二章)发表于《星星·散文诗》第10期；诗作《甘南：短歌行》发表于《大风》诗刊秋冬合辑卷。诗作《赛尔布》(外二首)入选《中国大湾区诗汇2021年选》；作品《甘南记》(节选)入选《中国年度优秀散文诗2021卷》(新华出版社出版)；诗作《尕海湖》入选《2022华语诗坛排行榜》；诗作《格桑花开》入选《少数民族诗人诗选2020——2021》。6月，加入中国诗歌学会；散文诗作品《夜的眼眸》入选《新中国诗歌史料整理与研究·作品卷·散文诗》（江西美术出版社）；10月，散文诗作品《玛曲：呜咽的鹰笛》入选由桂兴华主编《散文诗的新时代（2000—2021中国散文诗精选）》（上海社会科学院出版社）；12月，诗歌《美仁草原》入选谭五昌主编《每日一诗（2023卷）》（中国文史出版社）；散文诗作品《灵魂在天池上舞蹈》（组章）入选《长白诗世界》（时代文艺出版社）。诗歌《金城：师大献词》入选西北师范大学校友诗选《核桃树下》（敦煌文艺出版社）。中国诗歌春晚组委会授予牧风“2021年度中国十佳散文诗人”荣誉称号。

29. 2023年：散文诗《七彩丹霞》在《甘肃日报》发表；作品《茂县记》（外一章）发表于《星星·散文诗》第1期；国际诗歌网推发牧风简介及诗作《竖起时光的耳朵》（15首）；散文诗作品《首曲之恋》（外二章）发表于《天津诗人》第2期；作品《河西走廊风物》发表于《城市地理》第5期读城栏目；8月，中国诗歌学会公众平台推发作品《临潭：拔河兮》（组章）；作品《甘南之歌》（组章）发表于《诗歌月刊》第10期；作品《青藏札记》（组章）发表于《星河》（秋季卷）（总第52辑）；诗作《俄合拉》发表于《诗刊》第20期；诗作《草原行吟》（组诗）发表于《星星·诗歌原创》第10期；作品《甘南散记》（组章）发表于《安徽散文·夏之卷》；《人民日报》人民号平台转发《百年藏寨》《光盖山》两章；作品《周立波故居》（外一章）发表于《散文诗》第12期。作品《洮州走笔》（组章）荣获首届中国散文诗大观奖；12月，荣获“第六届甘肃省中青年德艺双馨文艺工作者”称号。作品《甘南笔记》（二章）入选《中国年度优秀散文诗2022卷》（新华出版社）；作品《甘南记》（节选）入选《散文诗年鉴2022年卷》；诗作《羚城雪》（外二首）入选《2022中国年度优秀诗歌选》；诗作《鹰隼飞》入选《2022年中国新诗排行榜》（谭五昌主编，中国文史出版社）；作品《甘南笔记》（二章）入选《2022中国年度散文诗精选》（龚学敏、周庆荣主编）；作品《甘南记》（组章节选）入选《甘南日报七十年副刊作品精选》（中国文史出版社）；作品《迭山横雪》（外一章）入选《2022中国散文诗排行榜年选》（河南大学出版社）；诗作《美仁草原》入选《每日一诗（2023年卷）》（谭五昌主编，中国文史出版社）；诗作《与灵魂对话》入选《2023中国诗歌年选》；作品《河曲马场》入选《2023诗歌巡洋舰年选》。7月中旬，由赵凌宏（牧风）主编的《新世纪甘南文学作品选》（汉文五卷本：小说、散文、诗歌、散文诗、评论）由作家出版社出版。

30. 2024年：《甘南：仰望或咏叹》（组章）发表于《星星·散文诗》第11期；《行走巴拉格宗》（组章）发表于《诗刊》第12期；作品《甘南札记》发表于《飞天》第10期；《格尔木印象》（组章）发表于《中国校园文学》（青年号）第11期；《河流的声音》（组章）发表于《奔流》第10期；《甘南：仰望或沉吟》（组诗）发表于《浙江诗人》第5期；《首曲，首曲》（外一章）发表于《天津诗人》（冬之卷）；《和田印象》（组章）发表于菲律宾《商报》"中国作家作品选粹"栏目；《牧风：散文诗在文学中是一朵奇葩——谈甘南散文诗创作》发表于《西藏当代文学研究》第十辑作家谈创作栏目；《南北札记》（18章）发表于《散文诗》第5期小读本栏目；《在甘南》（组章）发表于《青岛文学》第3期；作品《西部散记》（组章）发表于《星星·散文诗》第1期；作品《甘南：沉吟与遐思》（组章节选）发表于《上海诗人》第6期；作品《甘南：仰望或咏叹》（组章节选）发表于《湖州晚报·散文诗月刊》第12期，同时配发作者散文诗观及简介。《雪落远山》《光尕村》等12首诗作及个人创作简历、相关评论入选由著名诗人沙克主编《中国新归来诗人诗典（2017–2023）》《中国新归来诗人总论》；《甘南之上》（组诗）入选《中国诗歌十年选（2014–2023）》；《察尔汗散记》（组章）入选由王韬主编的散文诗选集《散板如歌》；牧风文学简历、创作谈、作品年表、代表作、评论入选《中国当代散文诗人档案·卷一》；诗作《羚城雪》（外二首）入选罗晖主编《中国年度优秀诗歌选（2022）》；诗作《河曲一隅》入选《中国年度诗歌选2023》；诗作《雪落远山》入选谭五昌主编《每日一诗（2024年卷）》；作品《临潭：拔河兮》（组章）入选“中国拔河之乡·临潭”拔河主题文学作品集《走，扯绳走！》（作家出版社）；诗作《对话草原》入选《少数民族诗人诗选2022-2023卷》。散文诗人、画家香奴评论：《民族元素与多元文化相生——浅析牧风的散文诗〈南北札记〉》发表于藏人文化网专题专访栏目；散文诗人、诗评家夏寒评论：《牧风与甘南的诗意共鸣——评牧风组诗〈竖起时光的耳朵〉》发表于诗人诗刊平台。7月中下旬，应邀参加由中外散文诗学会组织的“访玉河古道·探昆仑神韵”文学名家新疆和田采风活动。7月下旬，参加由甘肃省作家协会、甘肃省文艺评论家协会和《飞天》杂志、甘南州文联主办，《人民文学》《诗刊》《长城》《山西文学》《朔方》《扬子江诗刊》《山花》等国内有影响的文学期刊应邀参与的名刊名家甘南改稿会及采风活动。9月，当选甘肃省作家协会副主席。

后记：与天地对话

我喜欢并坚持散文诗创作已二十余载，常常思索，散文诗写作究其文本，形式上是短小精悍者居多，但也不乏鸿篇巨制，语言的想象和能量得到充分地释放，可谓张力无限。散文诗的本质是诗歌的，这样的判断我至今未曾改变。

近几年来，我把写作的主题转向对自然和生态的思考和融入，并开始漫游行吟于甘南本土和域外大地，感受自然和河流山川独特的魅力和它们带给我的视觉冲击。而历史、民俗、生态和红色这些关键词，也时不时地跃入脑际，其超强的感染力和穿透力，让我眼前豁然一亮，顿感心胸开阔。对故乡的热爱和眷恋，让我萌发用散文诗这种富有灵性的写作方式，诗意地呈现甘南这片神性的土地所拥有的神秘、宏阔、雄奇和无穷魅力。

遇见散文诗，我是幸运的，它可以让我在有限的时间和空间里展现另一个自由而舒展的自己。在万千变化中昼夜与自然对话，与一切鲜活的精灵们对话，与生俱来的情感洪流瞬间在文字里迸发，闪亮如初。

散文诗是甘南天地间神灵的对话，是自然界生命的呐喊，是三河一江奔涌不息的欢歌，是山川森林发出的铿锵誓言，是草原上八瓣格桑花绽放的声音，是雄鹰在雪峰上的喧嚣和慨叹。

在游历南北锦绣山河的同时，我也开始生态散文诗的创作，两年来，先后写了一百多篇，部分已在国内外报刊发表，产生了一定影响，随之结集。

对散文诗的热爱和执着，让我几乎偏执地拒绝了其他文体的侵入，一意孤行地创作。散文诗像一杯醇绵而浓烈的美酒，每时每刻散发出诱人的清香，吸引着众生的目光，陪伴着每一个对文学有梦的人远行。

2024 年夏月于甘南羚城